21世纪体育系列教材 ● 西南区体育教材教法研究会教材编审委员会审定

体育统计学

TIYU TONGJIXUE

主 编 张 龙 邱 勇

副主编 付降河

北京师范大学出版集团

BEIJING NORMAL UNIVERSITY PUBLISHING GROUP

北京师范大学出版社

图书在版编目(CIP)数据

体育统计学 / 张龙，邱勇主编 . —北京：北京师范大学出版
社，2015.8(2024.8 重印)
ISBN 978-7-303-19224-3

Ⅰ. ①体… Ⅱ. ①张… ②邱… Ⅲ. ①体育统计－高等
学校－教材 Ⅳ. ①G80-32

中国版本图书馆 CIP 数据核字(2015)第 172553 号

教 材 意 见 反 馈　gaozhifk@bnupg.com　010-58805079

出版发行：北京师范大学出版社　www.bnupg.com
　　　　　北京市西城区新街口外大街 12-3 号
　　　　　邮政编码：100088
印　　刷：鸿博睿特(天津)印刷科技有限公司
经　　销：全国新华书店
开　　本：730 mm×980 mm　1/16
印　　张：11
字　　数：251 千字
版　　次：2015 年 8 月第 1 版
印　　次：2024 年 8 月第 7 次印刷
定　　价：35.00 元

策划编辑：周光明　　　　　责任编辑：周光明
美术编辑：高　霞　　　　　装帧设计：高　霞
责任校对：陈　民　　　　　责任印制：马　洁

西南区体育教材教法研究会理事会成员名单

郑　锋（贵州工程应用技术学院）

雷　斌（贵州电子职院）

周　跃（昭通学院）

肖谋远（西南民族大学）

王　平（铜仁学院）

黄平波（凯里学院）

党云辉（思茅学院）

张　龙（六盘水师范学院）

杨庆辞（保山学院）

左文泉（云南师范大学）

余　兵（贵州财经学院）

张兴毅（兴义民族师范学院）

邓文红（安顺学院）

苏　阳（遵义师范学院）

颜　庆（遵义师范学院）

教材编审委员会

主　任　孟　刚（兼）（贵州师范大学）

副主任　姚　鑫（兼）（贵州师范大学）

王洪祥（昆明学院）

陈雪红（兼）（楚雄师范学院）

吕金江（兼）（曲靖师范学院）

于贵和（兼）（贵州大学）

梁　健（兼）（红河学院）

前言

　　《体育统计学》是体育院校体育统计学普修课学生用书，是由西南（云、贵、川、渝）高校体育教材教法研究会（体育统计学）教材小组根据西南四省市体育院校本科教学计划、培养目标和体育统计学课程教学大纲规定的具体教学任务、教学时数、教学内容及考核要求分工负责撰写和串编完成的。本教材以习近平新时代中国特色社会主义思想及党的二十大精神为指导，在根据云、贵、川、渝的实际情况因地制宜、因材施教的基础上，继承了前人不同时期出版的体育统计学教材优点，重点吸收了国内外体育统计学发展中的先进理论与实践内容。将体育统计的基本理论结合体育案例与 Excel 的使用操作有机结合，使读者在运用 Excel 进行体育统计分析时，既能了解相应统计方法的理论基础，又能快速得到统计分析的结果；对所涉及的统计过程以及输出结果进行详细说明。

　　本教材着眼于新世纪培养体育专门人才的实际需要，坚持继承与创新、改革与发展，坚持实事求是，从本科体育统计学教学实际出发，突出教学性、针对性、实用性、实践性、科学性、先进性、时代性，力求从教材体系和专业发展教学内容、教学手段与方法掌握上进行改进、提炼、拓展，以使教学对象能适应未来社会的需要。

　　本教材是由云、贵、川、渝四省市高校体育教材教法研究会组织专家、教授、专业从业人员经过多次的认真讨论研究，同时听取和征求多所体育院校体育统计学教学工作者的意见后完成编写工作的。统稿由张龙完成，张龙、邱勇担任主编，付降河担任副主编。参加编写的人员还有：周跃、朱丽萍、桂源海、赵聪、谢军、王玉茜、刘海军、刘转青、赵兵。光盘中所有统计模块由张龙制定。

　　本教材是北京师范大学出版社联合西南（云、贵、川、渝）高校体育教材教法研究会策划出版的系列教程之一。本教材的编写得到了各方面的鼓励和支持，得到了多名专家的指导，北京师范大学出版社的部分编辑人员为此也付出了艰辛的劳动，在此，我们一并表示衷心的感谢。对于在本教材中未一一标明的被引用者的姓名和论著的出处，我们在此表示歉意，并同样表示感谢！

我们真诚地希望广大师生和专家对本教材提出宝贵意见，以便我们今后对教材进行修订，并逐步加以完善和提高。

西南高校体育教材教法研究会（体育统计学）编写小组

目录 Contents

体·育·统·计·学

目　录

第一章 绪 论

本 章 概 要

　　本章介绍了体育统计学的学科性质、研究对象和特征以及我国体育统计学的发展概况。其中着重介绍了体育统计基本知识中的总体与样本、随机现象、随机事件的频率和概率等基本概念。

学习目标

　　通过对本章的学习，理解体育统计的概念和研究对象，了解体育统计的发展概况，掌握体育统计的若干基本概念。

关键术语

　　体育统计学　总体　样本　随机事件　概率

第一节　体育统计简介

一、体育统计学的概念

　　统计学（statistics）是研究统计原理和统计方法的一门学科，它包括数理统计学和应用统计学两大分支。其中，数理统计学主要是以概率论为基础，对统计原理和方法给予数学证明，对统计数据的数量关系模式加以科学解释的一门学科，它是数学的一个分支；应用统计学是数理统计的原理和方法在各个领域中的应用，它与研究对象紧密相关，如数理统计的原理和方法应用到医学领域中称为医学统计学（medical statistics）；应用于生物领域中称为生物统计学（biological statistics）；应用到体育领域，称为体育统计学（sport statistics）。因此体育统计是运用数理统计的原理和方法对体育领域里各种随机现象规律性进行研究的一门基础应用学科，属方法论学科范畴。

　　体育统计学是体育科学研究中的一个分支，广泛应用于体育的各个领域及其相关学科。

二、体育统计的研究对象与特征

　　体育统计的研究对象是体育领域和非体育领域与体育相关的各种随机现

第一章 ＼ 绪 论

1

象的数量规律。由于体育本身所具有的特点，体育统计所研究的各种随机现象的数量规律，具有运动性、综合性和客观性等特征。

1. 运动性特征

运动是体育的基本要素，运动是由人的生物体活动表现而出的。在运动中，人体的各种生理、心理随着运动不断的变化，人的运动能力、心理素质又通过运动给予体现。对此我们在进行统计研究的过程中，应注意各种随机现象的运动和发展的内在规律。

2. 综合性特征

体育学科属综合性科学，其拥有自然科学和社会科学的属性。随着科学技术的不断发展，学科之间相互渗透，这使体育研究的内容不但涉及运动生理学、生物力学，还涉及众多学科，如管理学、经济学、社会学等。如2008年北京奥运会所倡导的"绿色奥运、科技奥运、人文奥运"，其中就涉及了众多学科范畴的内容。由于体育本身的综合学科属性，决定了它的研究也具有综合性的特征。

3. 客观性特征

统计的数量是客观事物的反映，它表明客观现象在具体时间、地点、具体条件作用下，实际已达到的水平和程度。体育统计的数据资料虽经过人们有意识的获取、整理，但必须保证数据资料的客观性，使统计结果有较高的可靠性。

三、体育统计的内容

体育统计内容可分为描述统计、推断统计和实验设计三个部分。

1. 描述统计

描述统计（descriptive statistics）主要是将通过试验或调查所获得的大量数据，经过获取这些数据的分布特征，如集中趋势、离中趋势、相关程度等，并计算出一些具有概括性的统计数字，如平均值、标准差、相关系数等。借助于这些概括性数字以获取有实用意义的信息，以便对不同总体进行分析比较，做出合理、客观的结论。

2. 推断统计

推断统计（inferential statistics）是在正确的描述统计的基础上，应用数据所传达的信息，通过样本的数据来推断总体的性质，并说明判断可能产生误差的范围。主要内容包括参数估计和假设检验。

3. 实验设计

实验设计（design of experiments）是根据研究的目的，制订适当的实验方案，以利用数学原理对实验结果进行有效的统计从而达到科学的效果。这种效果包括有效性、可靠性和客观性。

描述统计、推断统计和实验或调查设计构成了体育统计的整体,它们之间相互关联,密不可分。

四、体育统计的发展概况

体育统计主要是数理统计方法在体育领域中的应用。因为在体育运动中存在着大量的随机现象,这些现象伴随着大量随机性的数据出现,通过数据的测量分析,从而服务于体育。由于体育涉及社会学、生物学、心理学、管理学等众多学科,因此在一定的环境条件下,可以视体育统计是社会统计、生物统计、心理统计等多学科的综合应用。

统计学的雏形可以追溯到古代,当时是统治者用以治国的方法,是对人口、土地、物产的计数。13世纪欧洲有国势调查,17世纪英国配第发表《政治算术》,17世纪末美国进行人口和农业普查。随着社会的发展,近百年,在概率论的基础上向推测性的数理统计发展,主要用于生物、农业等多方面的研究。

我国的体育统计萌芽于20世纪初,形成初期与体育测验关系密切。1941年我国制定的"修正体育师范学校教学课目(体育师范专科适用)"设置了体育测验与统计课程。但在20世纪80年代前,体育统计并未得到应有的重视,我国的体育院系也没有正常开设体育统计课程。20世纪80年代改革开放后,体育统计得到了较大发展。1981年成立了全国体育统计研究会,1984年中国体育科学学会成立了体育统计专业委员会,同时举办了不同层次的体育统计学习班,为体育统计的教学培养了一批教学骨干,极大地推动了体育统计的发展。部分体育院校开设了体育统计课程,体育统计成为体育科研的常用工具。

目前,我国大部分体育院校已将体育统计学定为体育专业的必修课。体育统计学的内容不断丰富,应用领域也不断扩大。体育统计与测量评价、体质研究、计算机应用等相关学科的融合得到明显的发展。

随着计算机的发展普及,统计软件在体育统计中的应用占有越来越重要的地位,较复杂的统计计算往往通过统计软件来实施和完成。近年来,体育统计学教材也增加了统计计算软件的内容。计算机技术与体育统计相结合,使体育统计能更高效、准确地为体育科学研究服务,这也是未来体育统计的发展趋势。

第二节　体育统计的基本知识

一、总体与样本

1. 总体

总体（population）又称为"母体"、"全域"。总体是根据研究目的所确定的同质研究对象中所有观察单位某种观察值的集合。研究目的不同，其同质含义也不同。总体具有的基本特征是同质性，即构成总体的各观察单位必须具有某种共性，这是形成总体的客观依据，也是我们确定总体范围的标准。构成总体的每一个对象称为个体（individual），又称"元素"、"个案"。由于研究对象不同，个体可以是人，也可以是事或物。总体所包含的个体数常用符号 N 表示。例如对 2005 年北京市 6 岁儿童体重参考值进行研究，研究对象是北京市 6 岁健康儿童，观察单位是每个 6 岁健康儿童，变量是体重，变量值是体重测量值，该市 2005 年全体 6 岁健康儿童的体重值构成一个总体。它的同质基础是同地区、同年份、同为健康儿童；差异性则表现在这些儿童的体重值不相同。

若在某特定的时间与空间范围之内，同质研究对象的所有观察单位的某变量值的个数为有限个，则这个总体称为有限总体（finite population）。如上述 6 岁健康儿童体重这个研究变量，在特定的时间（2005 年）、特定的空间（北京市），6 岁健康儿童数是有限的，每个儿童一个体重值，所有 6 岁健康儿童体重值个数是有限的，这个总体为有限总体。有时总体是假设的，没有时间和空间的限制，观察单位数是无限的，称为无限总体（infinite population）。如上述例子为对 6 岁儿童体重参考值进行研究，尽管研究的个体是明确的，但时间、地区不确定，其总量是无法估计的，因为 6 岁健康儿童体重这个研究变量随着时间变化，也在不断的变化，又因为地区也是一个无限数，其观察单位数存在不确定性，因而观察单位数无限，该总体为无限总体（infinite population）。

2. 样本

体育研究中，有许多是无限总体，直接研究无限总体中每个观察单位是不可能的。即使是有限总体，这个"有限"也是庞大的，要对所有观察单位进行观察或研究，往往也是不可能和不必要的。在实际工作中，通常是按一定方法从总体中抽取有代表性的一部分个体。这样被抽取的这部分个体的集合叫作一个样本（sample）。在一个样本里可以含有不同的个体数，样本所含的个体数目叫作样本容量（sample size），常用符号 n 表示。如上例，从北京市全体 6 岁健康儿童中随机抽取 500 名，他们的体重测量值构成样本。抽样研究的目的是用随机抽取的这 500 个样本信息去推断总体特征，所以样本必须具有代表性，"代表性"是在样本来自同质总体、足够的样本含量和随机抽样的前提下实现的。

在样本的抽取过程中，可分为随机样本和非随机样本两种形式。所谓随机样本是指采用随机方法获得的样本；非随机样本是指研究者根据研究的需要，寻找具备一定条件的对象所形成的样本。由于非随机样本无法计算抽样误差，也就无从应用统计推断理论，所以应尽量采用随机抽样的方法。

任何抽样研究都涉及样本容量的问题，一般认为：$n \geqslant 45$ 为大样本；$n < 45$ 为小样本。确定样本的大小与研究所需的精度、变量本身的离散程度、变量的测量水平等有关。通常当统计资料是离散型变量，并且要采用一些非参数的统计方法处理时，要求较大的样本。在运用多元分析方法时，通常要求样本含量是变量数目的 5 倍以上。对参数估计，由允许误差等可计算样本大小。确定样本数的原则是在满足研究设计的前提下，取较小的样本，以保证研究的精确性、可靠性和经济性。

二、误差

误差（error）泛指实测值与真实值之差，按其产生原因和性质可粗分为随机误差（random error）与非随机误差（nonrandom error）两大类，后者又可分为系统误差（systematic error）与非系统误差（nonsystematic error）两类。

1. 随机误差

随机误差是指测量结果与同一待测量的大量重复测量的平均结果之差，即"同一待测量的大量重复测量的平均结果"，指在重复条件下得到待测量的期望值或所有可能测得值的平均，是排除了系统误差后的理想情况下仍然存在的误差。抽样误差（sampling error）就是随机误差中常见的一种，抽样误差是由个体间的差异造成的，是不可避免的。抽样误差有一定的规律。一般地，样本越大，抽样误差越小，因为这时样本越和总体接近，样本对总体的代表性越好；反之，样本越小，抽样误差越大，样本对总体的代表性越差。

2. 系统误差

系统误差又叫作规律误差。它是在一定的测量条件下，对同一个被测属性进行多次重复测量时，误差值的大小和符号（正值或负值）保持不变；或者在条件变化时，按一定规律变化的误差。系统误差常有仪器误差、理论误差、个人误差。系统误差经常是一个常量。在做调查工作之前，认真检查校验测量仪器，对人员按同一标准培训，可以避免系统误差的发生。

3. 非系统误差

非系统误差一般是在实验过程中由研究者偶然失误而造成的误差。例如，抄错数字、写错单位，对于这类的误差应当通过认真检查核对予以清除，否则将会影响研究结果的准确性。

三、随机事件

在随机试验中，可能出现也可能不出现，而在大量重复试验中具有某种规律性的事件叫作随机事件（random event），简称事件。随机事件通常用大写英文字母 A、B、C 等表示。例如投篮 10 次，其中"成功 1 次"、"成功 4 次"、"成功 6 次"、"成功不少于 3 次"、"成功不少于 5 次且成功不多于 7 次"……每一个可能出现的结果都是随机事件。随机事件包含基本事件、复合事件、必然事件和不可能事件。

1. 基本事件

在一定的研究范围内，不能再分的事件称为基本事件。如"成功 1 次"是一个基本事件，"成功 4 次"是另一个基本事件。投篮 10 次有 0，1，2，…，10 这 11 种可能结果，所以包含 11 个基本事件。

2. 复合事件

在一定的研究范围内，由若干个基本事件组合而成的事件称为复合事件。如"成功不少于 5 次且成功不多于 7 次"就是一个复合事件，它由"成功 5 次"、"成功 6 次"、"成功 7 次"这三个基本事件组合而成。

3. 必然事件

在一定的试验条件下，每次试验必定发生的事件称为必然事件。投篮 10 次命中的次数一定是在 0，1，2，…，10 其中的一个数的事件就是一个必然事件。

4. 不可能事件

在一定的试验条件下，每次试验都不会发生的事件称为不可能事件。如投篮 10 次命中 11 次的事件就是一个不可能事件。

四、指标与变量

1. 指标

指标（index）是在实验观察中用来反映研究对象某些特征的可被研究者或仪器感知的一种现象标志。如身高、体重可以作为儿童发育状况的标志，对此它们可以用于观察儿童发育状况的指标。

指标可以分为定量观察指标和定性观察指标。按不同的分类依据，有不同的指标分类：如体育科研中反映机体特征分为形态指标、机能指标、运动素质指标；以学科分为生理指标、生化指标或生物力学指标；以反映方式可分为直接指标和间接指标；按来源分为主观指标和客观指标。

2. 变量

变量（variable）是随机事件可以取不同值的量，在统计研究中随机事件需由数值来表示，我们把随机事件的量表现称为随机变量（random variable）。例如，随机投掷一枚硬币，可能的结果有正面朝上、反面朝上两种，若定义 X 为投掷一枚硬币时正面朝上的次数，则 X 为一随机变量，当正面朝上时，X 取值 1；当反面朝上时，X 取值 0。又如，掷一颗骰子，它的所有可能结果是出现 1 点、2 点、3 点、4 点、5 点和 6 点，若定义 X 为掷一颗骰子时出现的点数，则 X 为一随机变量，出现 1 点，2 点，3 点，4 点，5 点，6 点时 X 分别取值 1，2，3，4，5，6，这样就将随机事件赋予数量特征，其结果就成了随机变量。

随机变量有两种类型：一是离散型随机变量（discrete random variable），数据间有缝隙，例如脉搏、引体向上次数这类的数据；二是连续型随机变量（continuous random variable），数据间无缝隙，其取值充满整个区间，例如身高、体重、百米跑成绩、铅球成绩等。

在统计分析中，了解变量的类型是非常重要的，它决定了我们采用什么样的统计方法去解决对应的问题，这是因为不同类型的变量有其不同的分布特征。

五、总体参数与样本统计量

1. 总体参数

任何一个由总体中所有数据计算得到的描述这一总体特征的数值称为总体参数也称为参数（parameter）。一般是未知的常数，常用希腊字母表示。

2. 样本统计量

由总体中的样本数据计算得到的描述样本特征的数值称为样本统计量也称为统计量（statistic），常用英文字母表示。

常用的参数和统计量：

样本均值表示为 $\bar{x}$，总体均值表示为 μ；

样本方差表示为 S^2，总体方差表示为 σ^2；

样本标准差表示为 S，总体标准差表示为 σ。

六、频率与概率

1. 频率

频率（relative frequency）是指在不变的一组条件 S 下，若随机事件 A

在 n 次试验中，共发生了 m 次，则比值称为 A 发生的频率。

在相同的条件下，进行了 n 次试验，在这 n 次试验中，事件 A 发生的次数 n_A 称为事件 A 发生的频数。比值 $\frac{n_A}{n}$ 称为事件 A 发生的频率，即

$$A \text{ 发生的频率} = \frac{\text{频数}}{\text{试验次数}} = \frac{n_A}{n}。$$

2. 概率

概率（probability）是指在不变的一组条件 S 下，重复做 n 次试验，当试验的次数 n 很大时，如果频率 $\frac{n_A}{n}$ 稳定地在某一数值 P 的附近摆动，而且随着试验次数的增多，这种摆动始终在一个常数左右做微小摆动，则称该常数为随机事件 A 的概率，可记为 P（A），简记为 P。在实际工作中，当概率不易求得时，只要观察次数足够多，可将频率作为概率的估计值。但在观察次数较少时，频率的波动性很大，用于估计概率是不可靠的。

随机事件概率的大小介于 0 与 1 之间，即 $0 \leqslant P \leqslant 1$，常用小数或百分数表示。$P$ 越接近 1，表示事件发生的可能性越大；P 越接近 0，表示事件发生的可能性越小；$P = 1$ 表示事件必然发生，也就是我们以前所学的必然事件；$P = 0$ 表示事件不可能发生，称为不可能事件。这两类事件具有确定性，不是随机事件，但可视为随机事件的特例。统计分析中的很多结论都基于一定可信程度下的概率推断，习惯上将 $P \leqslant 0.05$ 称为小概率事件，表示在一次试验或观察中该事件发生的可能性很小，可视为可能不发生。

>>>>>>>>>>>>>>>>>>>>>>>>>> 练习与思考 <<<<<<<<<<<<<<<<<<<<<<<<<<

1. 什么是体育统计学？
2. 体育统计学研究的对象和特征。
3. 举例说明总体、样本的含义。
4. 举例说明随机事件和随机变量。
5. 举例说明概率的含义。

第二章 资料的收集与整理

本 章 概 要

本章着重介绍了体育统计资料的来源、统计调查方式以及在资料收集整理中应注意的问题。

学习目标

通过对本章的学习了解各种统计调查方式的优缺点及适用条件，并在工作中结合体育实践加以应用，掌握 Excel 的基本操作。

关键术语

随机抽样　分层抽样　整群抽样

体育统计方法的研究内容包括体育资料的收集（collection）、整理（sorting）、分析（analysis）和表达（presentation）等。体育研究用的资料必须是经过周密设计而收集来的。在具体的研究实施过程中，根据研究目的和设计要求进行资料的收集和整理。

第一节　统计资料的收集

资料收集（collection of data）是根据研究目的制订研究方案采集数据。数据的质量将直接影响到统计结果的真实性和可靠性，是数据统计整理和分析的基础。

一、资料收集的基本要求

1. 资料的准确性

不论采用哪种收集资料的方法，都要求所收集到的数据准确与完整。如果所收集的数据不完整或不正确，则失去了应用的价值。例如体质健康测试过程中将测试顺序改变。如测完立定跳远后立即测安静心率；再如体质健康测试中的坐位体前屈实验，由于受试者态度消极，测试结果的准确性就会降低，这样测量出的数据准确性就会受到影响。因此在这类项目的测量中，就需要测试人员按测试步骤要求进行规范测量，并且做好受试者的思想工作，从而保证测试结果的准确性。

2. 资料的齐同性

资料的齐同性是指在资料收集的过程中将同类的、同质的资料分类收集，防止不同类、不同质的资料混杂在一起，给整理工作和分析工作带来不便。如体质测量过程中的男生测试数据与女生测试数据不能混用；不同项目、不同指标的数据不能混用等。

3. 资料的随机性

在研究过程中多数指标是无限总体，难以取到，为了使研究结果具有实际意义，在收集过程中采用随机性原则，避免主观因素的影响，使从研究总体中抽出的样本能够较好的代表总体。

二、资料收集的方法

体育统计资料的收集方法有许多。按形式分，可分为经常性和一时性；按范围分，可分为全面调查和非全面调查；按来源分，可分为常规资料和专题研究两类。为了便于认知和有利于教学，本教材按来源进行分类。

1. 常规资料

常规资料收集主是来源于体育教师、教练员以及体育科研人员在日常教学、训练、科研过程中积累的资料。如考试成绩、运动训练成绩、运动创伤记录、业余活动情况记录等，这些平时系统持之以恒的积累所收集的常规资料，有助于对体育相关的各项日常工作，进行长期的观察、动态分析和跟踪研究，但这类资料在使用时应注意其准确性与齐同性。

2. 专题研究

专题研究是为了某一个研究课题而进行的专门测试，包括专题调查和专题实验两种。如全国国民体质监测就属于专题调查。

三、常用的抽样方法

体育统计的一个重要思想方法是以样本资料去推断总体的特征。根据总体中某一部分的调查研究或观察试验的结果，用以说明总体的全部情况。抽样研究对那些工作量大且难以进行全面观察的统计总体就更显重要。研究者常采用随机抽样的方法从总体中获得样本，通过抽样方法的理论依据，计算抽样误差客观地评价调查结果的精度。在此介绍四种基本常用的抽样方法。

1. 简单随机抽样

简单随机抽样（simple random sampling），也称为单纯随机抽样。作为一种抽样方法，就是在总体单位中不进行任何分组、排队等，完全排除任何主观的有目的的选择，采用纯粹偶然的方法从母体中选取样本。这种方法更能体现出总体中每个子体的机会完全相等，选出的样本与总体特性接近，常用的抽样方法中该方法是比较简便易行的一种。

简单随机抽样为实现抽样的随机化，常采用的是抽签法和随机数表法。

（1）抽签法是将总体各单位的名称或号码，进行编号，并打乱次序，然后按抽签办法，不加任何选择地在其中随机抽出所需的调查对象数。

（2）随机数表法是在取得总体单位的名单后，先给每个单位编号，然后使用随机数表（详见附表10），查出所需抽取的调查对象。例如：某年级有620名学生，拟抽取15名学生调查其参与体育锻炼的状况，可将该年级学生编号为001-620，抽取时可从任何一行、任何一列、任何一个数开始，并将随机数表数字中的三位数组成一组。假定从随机数表的第二排第三列的数组起，自上而下、自左而右抽取，则顺序取得的样本号为：421，281，266，435，574，520，（926），498，（789），（921），578，（643），567，（642），345，090，（715），149，（754），284，206，043。由于926和789等大于620，所以舍弃不用，顺序往下取，直到取满15个样本单位为止。

简单随机抽样的优点是抽样误差小；缺点是总体例数较多时，对观察单位一一编号不易操作，在实际工作中有时难以办到，因此很少单纯地采用这种抽样方法。

2. 系统抽样

系统抽样（systematic sampling）又称机械抽样或等距抽样，即先将总体的观察单位按某一顺序号分成 n 个部分，再从第一部分随机抽取第 k 号观察单位，依次用相等间隔，从每一部分各抽取一个观察单位组成样本。

例如，从600名大学生中抽选50名大学生进行调查，可将该年级学生进行编号为001-600号。

$$抽选距离 = \frac{N}{n} = \frac{600}{50} = 12（人）$$

如从第一个12人中用简单随机抽样方式，抽取第一个样本单位，如抽到的是8号，依次抽出的是20号，32号，44号……

和简单随机抽样相比，系统抽样的优点是所抽取个体较均匀的分布在总体中；缺点是要有总体每个单位的有关资料，特别是对调查对象本身有循环周期性的调查时，就会影响调查的准确性。如对某体育场锻炼人数实施抽样，若抽取的是周末，抽样间隔正好为7天，这样抽取的样本单位都是周末，而周末往往锻炼的人数较多，这样就会发生系统偏差，从而影响抽样的代表性。

3. 分层抽样

分层抽样（stratified sampling）先将总体的单位按某种特征分为若干次级总体（层），然后再从每一层内进行单纯随机抽样，组成一个样本。例如，一个单位的职工有 500 人，其中不到 35 岁的有 125 人，35 岁至 49 岁的有 280 人，50 岁以上的有 95 人。为了了解这个单位职工身体状况有关的某项指标，从中抽取一个容量为 100 的样本，由于职工年龄与这项指标有关，决定采用分层抽样方法进行抽取。因为样本容量与总体个数的比为 1∶5，所以在各年龄段抽取的个数依次为 125/5，280/5，95/5，即 25，56，19。

至于分层抽样的类型划分，一是必须有清晰的界线，即类间差异尽可能明显，而类内差异尽可能小；二是必须知道各类型中的个体数目和比例；三是类型的数目不宜太多，否则失去类型的特征。

分层抽样的优点是分层抽样比单纯随机抽样所得到的结果准确性更高，组织管理更方便，而且它能保证总体中每一层都有个体被抽到。这种方法尤其适用于总体情况复杂、个体数目多的情况，因此分层抽样法常被采用。

4. 整群抽样

整群抽样（cluster sampling）又称聚类抽样，是将总体中各单位归并成若干个互不交叉、互不重复的集合，称之为群，然后以群为抽样单位抽取样本的一种抽样方式。

整群抽样的主要特点是以"群"为基本的抽样单位。因此，"群"间差异越小，抽取的"群"越多，抽样误差越小。主要优点是便于组织、节省经费，容易控制调查质量，所以特别适应于大规模的抽样研究，如全国国民体质监测就是采用整群抽样；缺点是当样本含量一定时，其抽样误差一般大于单纯随机抽样，其原因主要是由于样本观察单位并非广泛地散布在总体中。为降低抽样误差，可采用增加抽取的"群"数，减少"群"内观察单位数的方法进行抽样，即重新划分"群"组，使每个"群"更小。

第二节　统计资料的整理

资料整理（collection of data）是根据研究目的制订研究方案采集数据。数据的质量将直接影响到统计结果的真实性和可靠性，是数据统计整理和分析的基础。在对原始资料进行整理之前，首先要对全部资料进行检查与核对，然后再根据资料的类型及研究的目的对资料进行整理。

一、资料的检查与核对

检查和核对原始资料的目的在于确保原始资料的完整性和正确性。所谓完整性是指原始资料无遗缺或重复。所谓正确性是指原始资料的测量和记载无差错或未进行不合理的归并。检查中要特别注意特大、特小和并且结合专业知识作出异常数据的判断。对于有重复、异常或遗漏的资料，应予以删除或补齐；对有错误、相互矛盾的资料应进行更正，必要时进行复查或重新试验。资料的检查与核对工作虽然简单，但在统计处理工作中却是一项非常重要的步骤，因为只有完整、正确的资料，才能真实地反映出调查或试验的客观情况，才能经过统计分析得出正确的结论。

二、资料的整理方法

收集的原始资料，经过检查与核对后，还是一些无序的数据，仍然不能反映出任何特征和规律，须根据研究设计的要求进行分组整理，将同类、同质资料归纳在一起，以初步获取资料的分布信息。

（一）频数分布表

在实际工作中，常用的整理资料的方法是频数分布整理法。该方法是将数据资料按一定顺序分成若干组，并统计各组中所含有的数据个数，制成频数分布表。从表中可直观地反映出数据资料的一般特征，也可在频数分布表的基础上画出频数分布图，以利于更进一步的分析研究。

频数分布表的制作步骤：

1. 求极差 R

极差（range）又称为全距，是样本数据中最大值与最小值的差，即

$$R = 最大值（X_{max}）- 最小值（X_{min}）\tag{2.1}$$

2. 确定分组数 k

分组数要根据样本含量 n 的大小确定，一般来说，样本含量 n 越大，则分组越多；样本含量 n 越小，则分组越小。在实际工作中可根据经验或分组参考表（表2.1）来确定分组数。

表 2.1　分组参考表

样本含量（n）	可分组数（k）
30～60	5～8
60～100	7～10
100～200	9～12
200～500	11～16

3. 确定组距 I

组距（interval）是指组与组之间的区间长度。组距的确定可以采用计算，也可以预定。计算公式为：

$$I = \frac{极差}{分组数} = \frac{R}{k}\tag{2.2}$$

4. 确定组限 L

组限（boundaries of group）是指各组区间的起点值、止点值。各组的起点值为该组下限，各组的止点值为该组上限。其计算公式为：

（1）计算第一组的组下限（起点值）：

$$第一组下限 = 最小值（X_{\min}）- \frac{I}{2} \qquad (2.3)$$

（2）计算第一组的组上限（止点值）：

$$第一组上限 = 第一组下限 + I \qquad (2.4)$$

（3）其余各组的组下限就等于上一组的组上限，即

$$第\ k\ 组下限 = 第（k-1）组下限 + I \qquad (2.5)$$

每组的组限有上限与下限，习惯上数据由小到大，从上到下排列，数值大的为上限。

5. 列频数分布表

频数分布表的内容一般包括组序号（或组别）、组限、划记、频数、组中值、累计频数。

（1）填写组限。按从上到下、从小到大的顺序填写，各组只填写下限，不填写上限。

（2）划记。将数据逐个划入相应的组内，在划记栏中，用划"卌"方法表示每组内的数据个数。数据的归属原则是：

$$本组下限 \leqslant X < 次组下限$$

（3）计算频数、频率和组中值。

频数：各组的数据个数，用符号 f 表示；

频率：各组频数占样本量的百分率。频率 $\frac{f}{n} \times 100\%$；

组中值：组中值 $= \dfrac{（该组下限 + 该组上限）}{2} = 该组下限 + \dfrac{1}{2} 组距。$

例 2.1 某校 100 名男生原地纵跳成绩（单位：cm）如下，试进行频数整理。

51	41	43	36	45	55	62	43	48	**65**	36	42	46	52	47	50
53	47	48	53	42	52	50	46	43	52	56	41	59	49	39	43
46	38	49	44	49	48	50	49	57	53	56	53	51	47	50	34
44	45	49	55	60	44	57	45	48	56	47	54	41	49	34	58
39	43	46	46	57	39	**30**	60	54	42	58	53	44	51	63	54
54	52	37	58	40	48	51	56	55	63	48	50	50	48	52
32	46	37	44											

整理步骤：

1. 求全距（极差）R

$$R = x_{max} - x_{min}$$

举例：$x_{max} = 65$，$x_{min} = 30$ $R = 65 - 30 = 35$

2. 确定组数 k

本例 $n = 100$，参考分组表（表 2.1），取 $k = 10$。

3. 求组距 I

$$I = \frac{R}{k} = \frac{35}{10} = 3.5 \approx 4$$

4. 定组限

$$第一组下限 = x_{min} - \frac{I}{2}$$

则

$$第一组下限 = 30 - \frac{4}{2} = 28$$

5. 列频数分布表并划记（表 2.2）

6. 统计频数

表 2.2 频数分布表

组序	组限	划记	组中值	频数（f）	频率（％）	累计频数
1	28—	丨	30	1	1	1
2	32—	丨丨	34	3	3	4
3	36—	正丨	38	8	8	12
4	40—	正正丨	42	13	13	25
5	44—	正正正丨	46	18	18	43
6	48—	正正正正	50	23	23	66
7	52—	正正正丨	54	17	17	83
8	56—	正正丨	58	11	11	94
9	60—	正	62	5	5	99
10	64—	丨	66	1	1	100

通过频数分布表对原始数据进行了分组整理后，可以清楚地看出这群数据的基本分布规律，100 名男生原地纵跳成绩在 48—组附近的频数量多，往两侧其频数逐渐减少。

（二）频数分布直方图

频数分布表作好以后，可根据表中数据，作频数分布直方图。频数分布直方图，可以更为直观地看出数据的分布规律。

将例 2.1 频数分布表中的数据绘成频数分布直方图（如图 2.1 所示）。

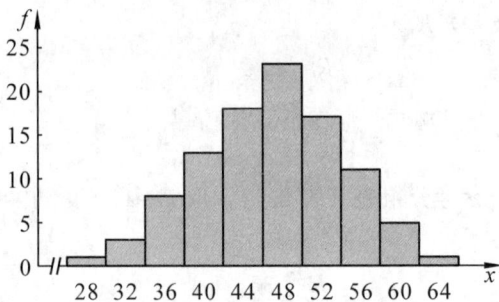

图 2.1　某校 100 名男生原地纵跳成绩频数分布直方图

由频数分布直方图（图 2.1），可以更为直观地看出数据的分布规律。从图 2.1 中可清楚地看到频数分布"中间多，两头少"的分布情况。统计学中把这种分布称为正态分布。

第三节　Excel 整理数据

一、Excel 的启动和退出

1. Excel 的启动

在启动 Excel 以前，首先应该进入 Windows 操作系统。

在启动 Windows 以后，单击"开始"按钮，从"程序"菜单的子菜单中选择"Microsoft Office Excel 2003"选项，如图 2.2 所示。

图 2.2　Microsoft Office Excel 2003 的启动

Excel 启动后，出现无标题的"数据编辑器"窗口，如图 2.3 所示。用户可在该窗口进行建立数据文件夹的一切工作。

图 2.3　数据编辑器

2. 退出 Excel

工作完毕后，用户可以使用"文件"菜单中"退出"菜单项退出 Excel。在退出 Excel 之前，应该首先确认数据文件是否需要保存，再执行退出操作。

二、Excel 数据文件的建立

在 Excel 中将输入到单元格中的数据分为常量和公式两类。

常量是指可以直接在单元格中输入的数据，包括数字和文本两种形式。数字一般是指可进行运算的数据；文本一般是指不作运算的文字型数据。

公式是指由一系列数值、单元地址、名字、函数及运算符组成的序列，可以进行运算并产生新值。公式均以"＝"号开始。例如"＝AVERAGE（G3：G10）"、"＝STDEV（G3：G10）"、"＝A1/B4"等。

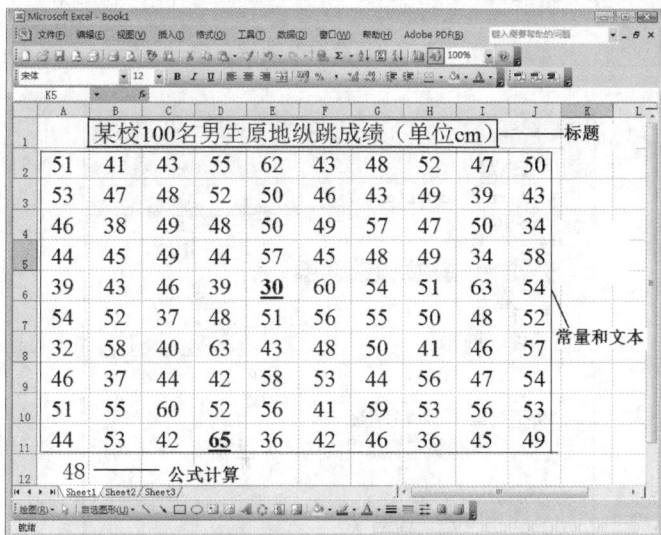

图 2.4　数据编辑窗口

常量和公式的输入。单击所输入数据的单元格，使其成为活动单元格后输入文字、数字和公式。例 2.1 在 Excel 的编辑窗口中输入的数据如图 2.4 所示，A1：J11 为常量，A12 为公式"＝AVERAGE（A2：J11）"计算所产生的新值 48.38。

三、Excel 分析工具的安装

Excel 提供了一组数据分析工具，称为"分析工具库"，该分析工具库包含了多种统计分析工具，为数据分析提供了界面和相应的功能。安装步骤：将 Office 系统安装盘放光盘驱动器，然后在"工具"菜单中单击"加载宏"，如图 2.5 所示，出现"加载宏"后如图 2.6 所示选择"分析工具库"和"分析工具库—VBA 函数"即可。

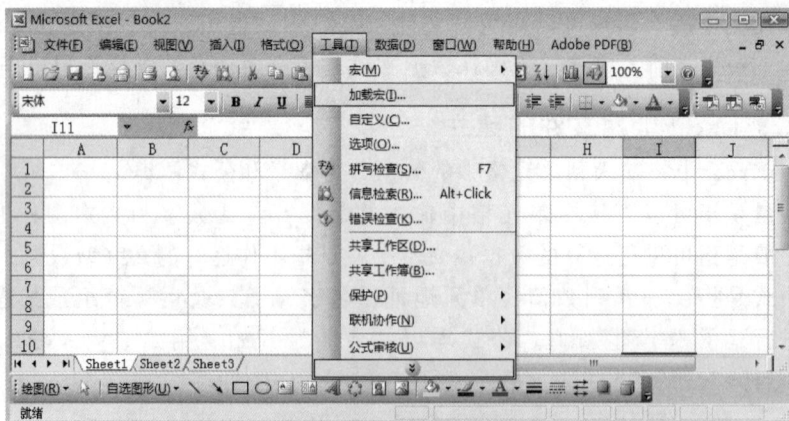

图 2.5 "加载宏"编辑窗口

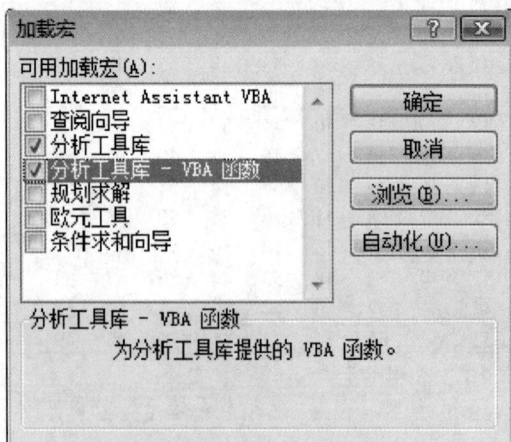

图 2.6 "加载宏"对话框

四、用 Excel 制作频数分布表和直方图

利用 Excel 统计函数中的 FREQUENCY 函数，可以方便地制作出频数分布表。FREQUENCY 函数的语法规则如下：

格式：FREQUENCY（Data _ array，Bins _ array）

Data _ array 为计算频数的数据区域或数组；

Bins _ array 为数据接收区间的数组或区域，即指定的各分组的组上限值。

例 2.2 以例 2.1 数据为例（光盘例 2.1），介绍用 Excel 进行数据整理的操作步骤。

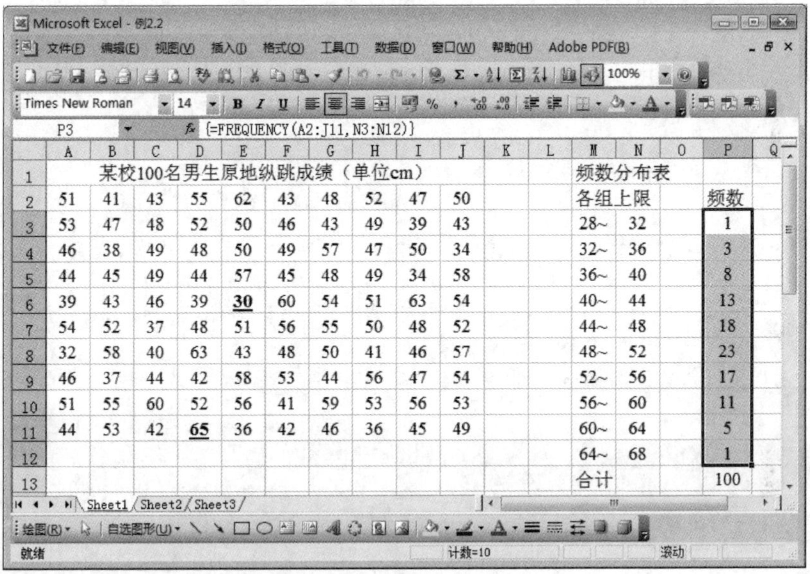

	A	B	C	D	E	F	G	H	I	J	K	L	M	N	O	P
1	某校100名男生原地纵跳成绩（单位cm）												频数分布表			
2	51	41	43	55	62	43	48	52	47	50			各组上限			频数
3	53	47	48	52	50	46	43	49	39	43			28~	32		1
4	46	38	49	48	50	49	57	47	50	34			32~	36		3
5	44	45	49	44	57	45	48	49	34	58			36~	40		8
6	39	43	46	39	**30**	60	54	51	63	54			40~	44		13
7	54	52	37	48	51	56	55	50	48	52			44~	48		18
8	32	58	40	63	43	48	50	41	46	57			48~	52		23
9	46	37	44	42	58	53	44	56	47	54			52~	56		17
10	51	55	60	52	56	41	59	53	56	53			56~	60		11
11	44	53	42	**65**	36	42	46	36	45	49			60~	64		5
12													64~	68		1
13													合计			100

图 2.7 数据编辑窗口

1. 如图 2.7 所示，在 A2：J11 中输入原始数据；

2. 在 N3：N12 内输入各分组的上限值；

3. 选定要输出频数数据的区域 P3：P12，输入公式：=FREQUENCY（A2：J11，N3：N12）；

4. 按住【Ctrl+Shift】组合键不放，再按回车键或"确定"按钮，系统即输出各组的频数分布数据。

1. 常用的抽样方法有哪几种?

2. 某班 70 名学生体育成绩如下（光盘：习题 2.1），试用 Excel 作频数分布表。

73	67	72	69	69	71	67	68	70	71	77	76	71	70
68	64	72	70	72	72	78	77	66	70	75	76	60	74
73	67	79	77	76	77	81	65	78	65	76	74	69	63
71	82	71	81	76	71	66	77	74	76	70	72	70	71
80	65	70	65	75	82	70	74	78	72	84	70	67	72

第三章　样本特征数

本章概要

　　本章着重介绍平均数（mean）、标准差（standard deviation）与变异系数（variation coefficient）三个常用统计量，以及用 Excel 计算相关统计量的操作方法。

学习目标

　　理解算术平均数、中位数、众数、标准差、变异系数、偏度、峰度的概念和作用，掌握其计算方法和 Excel 软件的相关操作。

关键术语

　　集中量数　离散量数　平均数　标准差

　　在体育教学、训练和科学研究中，常用样本特征数去估计总体参数，在上一章的频数分布表和直方图中，可以看出样本观测值分布有着两个特征：一是数据向某一位置集中的趋势，反映这种集中特征的数称为集中位置量数，常使用的有中位数、众数、算术平均数；二是数据有由集中位置点向两边离散的趋势，反映这种离散特征的数称为离中位置量数，常使用的有方差、标准差、变异系数等。集中位置数和离中位置数都反映样本数据分布的特征，统称它们为样本特征数。样本特征数都是来自样本的统计指标，所以又称为统计量（statistic）。

第一节　集中位置量数

一、算术平均数

　　算术平均数（mean）是指资料中各观测值的总和除以观测值个数所得的商，简称平均数或均数，记为 $\bar{x}$。算术平均数是反映一组性质相同的观测值的平均水平或集中趋势的统计量，其数学定义为

$$\bar{x} = \frac{1}{n}\sum_{i=1}^{n} x_i = \frac{1}{n}(x_1 + x_2 + \cdots + x_n) \tag{3.1}$$

21

常简写为 $\bar{x} = \dfrac{\sum x}{n}$ (3.2)

其中,n 为样本含量,$\sum$(大写希腊字母,读作 sigma)为总和,x_i 为某个体变量。

(一)算术平均数的直接计算

例3.1 某地 10 名 18 岁健康男大学生身高(cm)分别为 168.7,178.4,170.0,170.4,172.1,167.6,172.4,170.7,177.3,169.7,求平均身高。

$$\bar{x} = \frac{1}{n}\sum_{i=1}^{n} x_i = \frac{1}{n}(x_1 + x_2 + \cdots + x_n)$$

$$= \frac{1}{10}(168.7 + 178.4 + 170.0 + 170.4 + 172.1 + 167.6 + 172.4 +$$

$$170.7 + 177.3 + 169.7) \approx 171.7 \ (cm)$$

即某地 10 名 18 岁健康男大学生平均身高为 171.7 cm。

(二)用 Excel 计算平均数

当样本含量 n 较大时或者说是多组样本时,用式(3.2)进行计算不太方便,可以使用 Excel 中的 AVERAGE 函数完成其计算。

格式:AVERAGE(number1,number2,...)

例3.2 以例 3.1 数据为例(光盘例 3.1),试求用 Excel 计算其平均数。

操作步骤:

1. 输入数据,如图 3.1 所示(B2:B11);

2. 单击存放平均值的单元格 D2(图 3.1)使其成为活动单元格,在单元格中输入:=AVERAGE(B2:B11),输入的计算式将在公式、函数、数值编辑区显示,然后按回车键,结果为 171.73(图 3.1),即 $\bar{x} = 171.73$ cm。

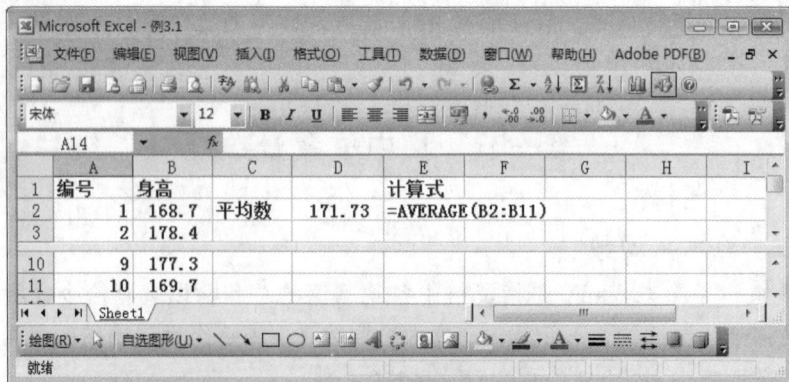

图 3.1 平均数的计算式及结果

二、中位数

中位数（median）是将数据排序后，处于中间的位置的那个数，中位数用符号 M_d 表示。

当样本数为奇数时，该组数据的中位数为有序数列最中间的那个数，即中位数的项数计算式为

$$O_m = \frac{n+1}{2} \tag{3.3}$$

即

n 为奇数时：

$$M_d = x_{\frac{n+1}{2}} \tag{3.4}$$

当样本数为偶数时，该组数据的中位数为位居中间的两个数的平均数，即

n 为偶数时：

$$M_d = \frac{1}{2}\left(x_{\frac{n}{2}} + x_{\frac{n}{2}+1}\right) \tag{3.5}$$

（一）中位数的直接计算

1. 样本含量为奇数时

例 3.3 若有 7 名同学纵跳成绩（单位：cm）为：

43，46，47，48，49，50，52

则 $O_m = \frac{n+1}{2} = \frac{7+1}{2} = 4$

由此，可在原始数列排序后找到第 4 项 48 cm，该数便是这组数据的中位数 $M_d = 48$ cm。

2. 样本含量为偶数时

例 3.4 某地 10 名 18 岁健康男大学生身高（cm）分别为 167.6，168.7，169.7，170.0，170.4，170.7，172.1，172.4，177.3，178.4，试求 10 名男大学生身高的中位数？

则 $O_m = \frac{n+1}{2} = \frac{10+1}{2} = 5.5$

由此，可在原始数列排序后找到第 5 项与第 6 项之间。因此，中位数为

$$M_d = \frac{170.4 + 170.7}{2} = 170.55 \approx 170.6 \text{（cm）}$$

（二）用 Excel 计算中位数

当样本含量 n 较大时，用以上方法计算 M_d 很不方便，可使用 Excel 中的 MEDIAN 函数返数据的中位数完成其计算。

格式：MEDIAN（number1，number2，...）

例 3.5 以例 3.4 数据为例（光盘例 3.5），试用 Excel 计算其中位数。

操作步骤：

1. 输入数据，如图 3.2 所示（B2：B11）；

2. 单击存放中位数的单元格 D2（图 3.2）使其成为活动单元格，在单元格中输入：= MEDIAN（B2：B11），输入的计算式将在公式、函数、数值编辑区显示，然后按回车键，结果为 $M_d = 170.55$（图 3.2），即 $M_d \approx 170.6$ cm。

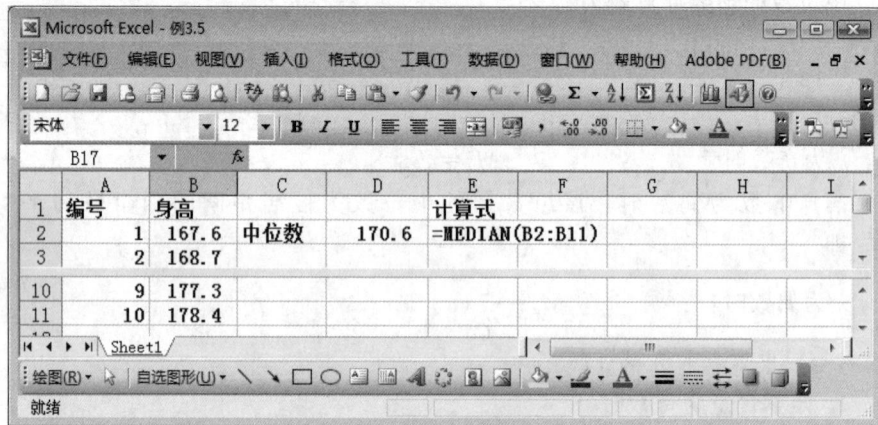

图 3.2　中位数的计算式及结果

三、众数

众数（Mode）是指所研究总体中出现次数最多的数值，它能明确反映数据分布的集中趋势。众数也是一种位置平均数，不受极端数据的影响。但并非所有数据集合都有众数，一组数据，可能存在一个众数，也可能存在多个众数。众数通常记为 M_o。

（一）众数的直接计算

1. 一个众数

例如：一组数 1，2，3，3，4 的众数是 3。

2. 两个或多个众数

如果有两个或两个以上个数出现次数都是最多的，那么这几个数都是这组数据的众数。

例如：1，2，2，3，3，4 的众数是 2 和 3。

3. 没有众数

如果所有数据出现的次数都一样，那么这组数据没有众数。

例如：1，2，3，4，5 没有众数。

（二）用 Excel 计算众数

当样本含量 n 很大时，用以上方法计算 M_o 很不方便，可以使用 Excel 统计函数中的 MODE 函数返众数，完成其计算。

格式：MODE（number1，number2，...）

例 3.6 以例 2.1 数据为例（光盘例 3.6），试用 Excel 计算其众数。

操作步骤：

1. 输入数据，如图 3.3 所示（B3：B102）。

2. 单击存放众数的单元格 D3（图 3.3）使其成为活动单元格，在单元格中输入：= MODE（B3：B102），输入的计算式将在公式、函数、数值编辑区显示，然后回车，结果为 $M_o = 48$。

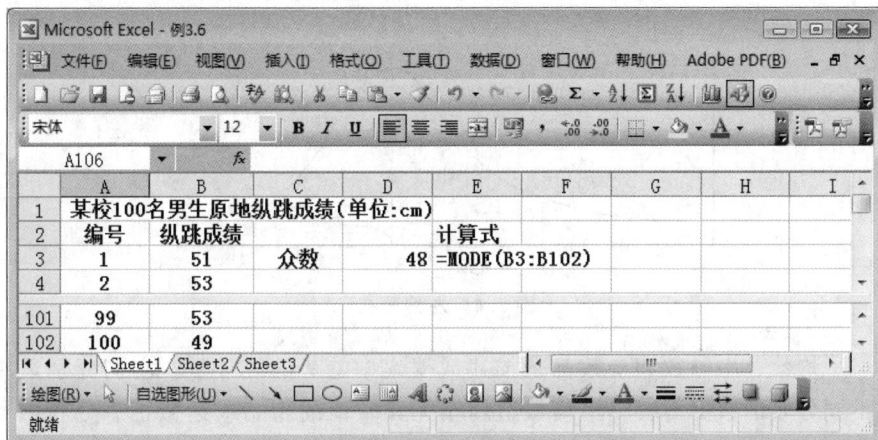

图 3.3 众数的计算式及结果

四、算术平均数、中位数和众数间的关系

当频数分布呈完全对称分布时，算术平均数、中位数和众数三者相同，如图 3.4 所示。

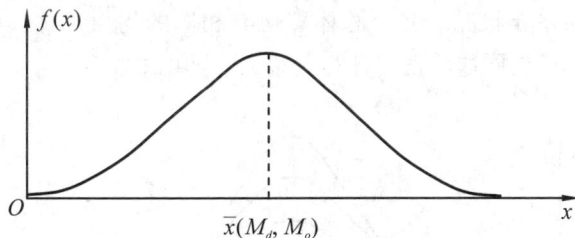

图 3.4 对称分布

当频数分布为右偏态时，众数小于中位数，算术平均数大于中位数，如图 3.5 所示。

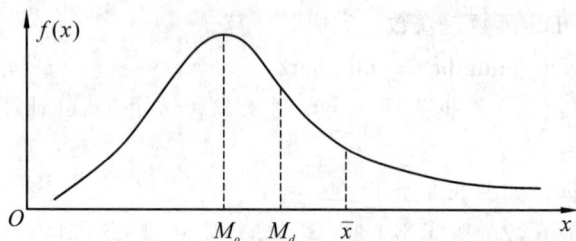
图 3.5　右偏分布

当频数分布为左偏态时，众数大于中位数，算术平均数小于中位数，如图 3.6 所示。

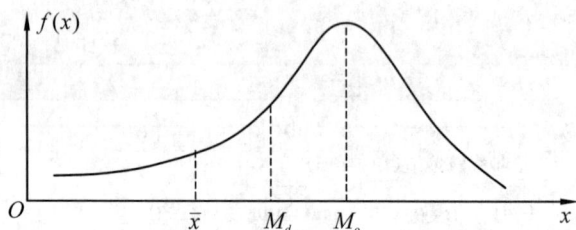
图 3.6　左偏分布

平均数、中位数和众数都是描述数据集中趋势的统计量，它们分别适用于不同分布的数据资料。平均数适用于无异常值的正态或近似正态分布的数据资料，中位数适用于存在异常值且严重偏态的数据资料，众数适用于分布不匀、而个别数据重复次数较多的数据资料。

第二节　离中位置量数

要分析总体的分布规律，仅了解集中趋势指标是不够的，还需要了解数据的离散程度和差异状况。几个总体即使有相同的均值总体，但各总体下个体的分布往往不尽相同取值情况却相差很大，如图 3.7 所示。

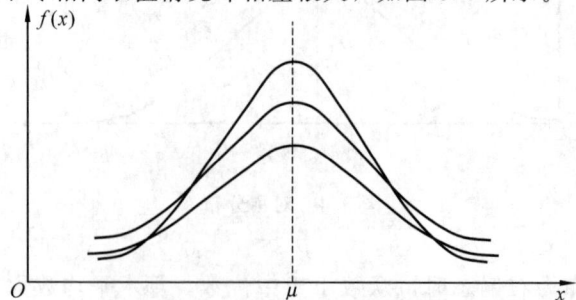
图 3.7　均值相同但离散程度不同

例如：有两组数据如下：

甲组：1，2，3，4，5，6，7，8，9 　　即 $\bar{x}=5$

乙组：4，4，5，5，5，5，5，6，6 　　即 $\bar{x}=5$

这两组数的算术平均数相等，但数据分布在算术平均数两侧的离散程度却不同。其中甲组数值离散程度比乙组要大。因此为了全面衡量一组数据，我们除了考察变量的平均水平外，还必须考虑到变量离散程度的统计指标。反映样本观测值的离中位置量数，常见的有方差、标准差、变异系数和全距（上一章节已经讲述）。

一、方差和标准差

（一）方差

方差（variation）是指离差平方的算术平均数，是反映数据资料离散程度非常重要的指标。其计算公式为：

$$\sigma^2 = \frac{\sum (x-\mu)^2}{N} \tag{3.6}$$

其中：σ^2 表示总体方差（σ 为小写希腊字母，读作 sigma）；

μ 表示总体均数；

$x-\mu$ 表示离差（即每个数据与总体均数的差数）；

$\sum (x-\mu)^2$ 表示离差平方和；

N 表示总频数。

上述方差公式是针对总体而言的，对于样本数据，我们可以通过样本方差的计算，去度量样本数据的离散程度大小。样本方差的计算公式为：

$$S^2 = \frac{\sum (x-\bar{x})^2}{n-1} \tag{3.7}$$

其中：S^2 表示样本方差；

$n-1$ 表示自由度。

（二）标准差

方差能全面地反映数据的离散程度，可是由于方差的单位与原观察值的单位不一致，为了统一单位，将方差开方，便得到了标准差（standard deviation）。其定义为：

$$S = \sqrt{\frac{\sum (x-\bar{x})^2}{n-1}} \tag{3.8}$$

为了简化计算，实践中经常用以下公式进行标准差的计算

$$S = \sqrt{\frac{\sum x^2 - \frac{\left(\sum x\right)^2}{n}}{n-1}} \qquad (3.9)$$

方差是统计分析中经常用到的重要指标，是反映数据资料离散程度常用的统计量。标准差越大，说明数据的离散程度越大，即数据在均值两边分布较分散；标准差越小，说明数据的离散程度越小，即数据在均值两边分布较集中。

方差和标准差具备一个良好离散量数所应具备的一些条件：反应灵敏——随任何一个数据的变化而变化；严密确定——一组数据的方差和标准差有确定的值；灵敏运算——可将几个方差或标准差合成一个总的方差和标准差。用样本数据推断总体差异量时，方差和标准差是最好的估计量。但方差和标准差也有缺点，即方差和标准差容易受极端数据的影响。

例3.7 测得10名周岁儿童的头围（cm）如下：43、44、44、45、45、46、46、46、47、48 求标准差。

1. 列计算表（表3.1）

表 3.1　标准差计算表

编号	x	x^2
1	43	1849
2	44	1936
3	44	1936
4	45	2025
5	45	2025
6	46	2116
7	46	2116
8	46	2116
9	47	2209
10	48	2304
$\sum$	454	20632

2. 将表中 $\sum x = 454$，$\sum x^2 = 20632$，代入式（3.9），得

$$S = \sqrt{\frac{\sum x^2 - \frac{\left(\sum x\right)^2}{n}}{n-1}} = \sqrt{\frac{20632 - \frac{454^2}{10}}{10-1}} \approx 1.506(\text{cm})$$

$$S^2 = \frac{\sum x^2 - \frac{\left(\sum x\right)^2}{n}}{n-1} = \frac{20632 - \frac{454^2}{10}}{10-1} \approx 2.267(\text{cm}^2)$$

故该组数据的标准差约为 1.506 cm，方差约为 2.267（cm²）。

（三）用 Excel 计算方差和标准差

当总体已知时，可使用 Excel 中的 VARP 函数和 STDEVP 函数完成总体方差和总体标准差的计算。

格式：

VARP（number1，number2，...），返回所有参数中数据的总体方差；

STDEVP（number1，number2，...），返回所有参数中数据的总体标准差。

以上总体方差与标准差的计算，仅适用于有限总体，对于无限总体，除非了解其概率分布，否则无法直接计算方差与标准差。这时就需要用样本方差和样本标准差来估计总体的方差和标准差。

当样本含量 n 较大时，用以上方法计算方差和标准差很不方便，可使用 Excel 中的 VAR 函数和 STDEV 函数完成总体方差和总体标准差的计算。

格式：

VAR（number1，number2，...），返回所有参数中数据的样本方差。

STDEV（number1，number2，...），返回所有参数中数据的样本标准差。

例 3.8 以例 3.4 数据为例（光盘例 3.8），试用 Excel 计算其总体方差、总体标准差、样本方差和标准差。

操作步骤：

1. 输入数据，如图 3.2 所示（A1：A10）；

2. 单击存放样本方差的单元格 D1（图 3.8）使其成为活动单元格，在单元格中输入：＝VAR（B2：B11），输入的计算式将在公式、函数、数值编辑区显示，然后回车，结果为 $S^2 = 12.48$（cm²）；

单击存放样本标准差的单元格 D2（图 3.8）使其成为活动单元格，在单元格中输入：＝STDEV（B2：B11），输入的计算式将在公式、函数、数值编辑区显示，然后回车，结果为 $S = 3.53$ cm（图 3.8）；

单击存放总体方差的单元格 D3（图 3.8）使其成为活动单元格，在单元格中输入：＝VARP（B2：B11），输入的计算式将在公式、函数、数值编辑区显示，然后回车，结果为 $\sigma^2 = 11.23$（cm²）；

单击存放总体标准差的单元格 D4（图 3.8）使其成为活动单元格，在单元格中输入：＝STDEVP（B2：B11），输入的计算式将在公式、函数、数值编辑区显示，然后回车，结果为 $\sigma = 3.35$ cm。

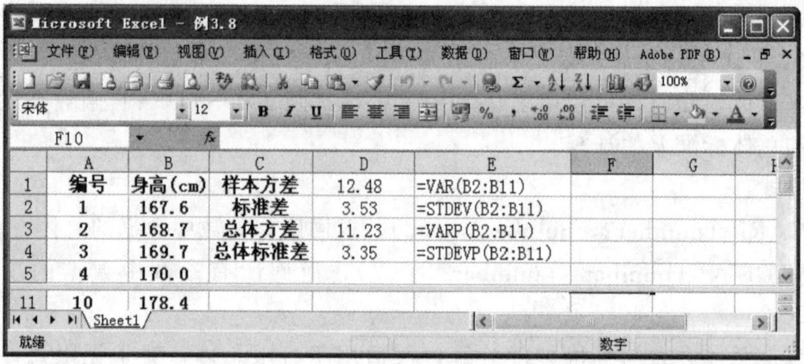

Microsoft Excel - 例3.8

	A	B	C	D	E
1	编号	身高(cm)	样本方差	12.48	=VAR(B2:B11)
2	1	167.6	标准差	3.53	=STDEV(B2:B11)
3	2	168.7	总体方差	11.23	=VARP(B2:B11)
4	3	169.7	总体标准差	3.35	=STDEVP(B2:B11)
5	4	170.0			
11	10	178.4			

图 3.8　样本方差、标准差、总体方差、总体标准差的计算式及结果

二、变异系数

变异系数（coefficient of variance）又称“标准差率”，反映单位均值上的离散程度，多用于观察指标单位不同，如身高与体重变异程度的比较；或均数相差较大时，如儿童身高与成人身高变异程度的比较。其计算公式为

$$CV = \frac{S}{\bar{x}} \times 100\% \qquad (3.10)$$

如某地 7 岁男孩身高的均数为 123.1 cm，标准差为 4.7 cm；体重均数为 22.9 kg,标准差为 2.3 kg，此处不能因为 4.7＞2.3，就说身高的变异比体重大，而需要考虑到它度量衡单位不同，无法直接比较，故采用变异系数来解决这类问题，它实质上是一个相对变异指标，无单位。

上述 7 岁男孩身高、体重的变异系数分别为

身高　$CV=\frac{4.7}{123.1}\times 100\% \approx 3.8\%$

体重　$CV=\frac{2.3}{22.9}\times 100\% \approx 10.0\%$

该地 7 岁男孩体重的变异大于身高的变异，或者说身高的变异比体重的变异小。

当样本含量 n 很大时，用以上方法直接计算出 S 和 $\bar{x}$ 很不方便，可以使用 Excel 统计函数中的 STDEV 和 AVERAGE 函数完成其操作。

格式：＝（（STDEV（number1，number2，...）/AVERAGE（number1，number2，...））＊100%）

例 3.9　40 名女子手球运动员 30 m 跑、3000 m 跑、手球掷远测试数据（光盘：例 3.9），试用 Excel 计算比较各项目成绩的离散程度。

操作步骤：

1. 输入数据，如图 3.9 所示（B2：D41）；

2. 单击存放 30 m 跑变异系数的单元格 B42 (图 3.9) 使其成为活动单元格,在单元格中输入: = ((STDEV (B2: B41) /AVERAGE (B2: B41)) * 100%),输入的计算式将在公式、函数、数值编辑区显示,然后回车,结果为 $CV=5.39\%$,即 30 m 跑变异系数为 $CV=5.39\%$,如图 3.9 所示;

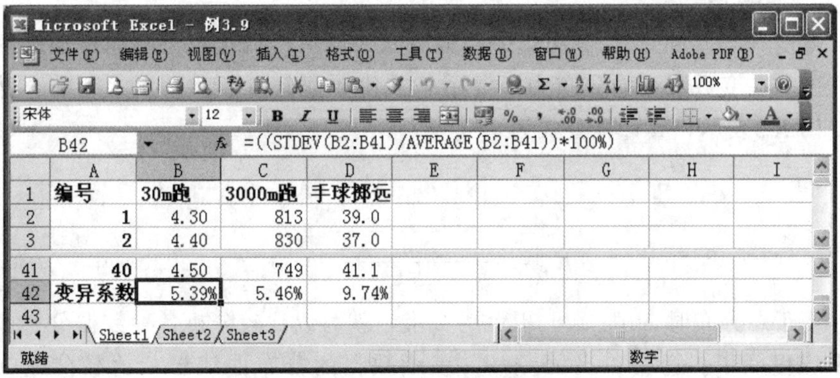

图 3.9 变异系数的计算式及结果

3. 计算其他项目的变异系数。

将鼠标变为"+"字,拖动填充柄至单元格 D42 后放开,完成其余项目变异系数的操作。

统计结果表明 (如图 3.9 所示),各项目的离散程度从小到大依次为 30 m 跑、3000 m 跑和手球掷远。

第三节 偏度与峰度

除了用平均指标和变异程度 (离散程度) 指标来描述一组数据的分布之外,偏度与峰度也是描述数据分布形态的统计指标。

一、偏度

偏度 (skewness) 是对分布偏斜方向和程度的测试,是次数分配的非对称程度。它与平均数和标准差一样,是反映次数分布特征的又一重要指标,即反映一组数据的频数分布曲线的高峰是偏左、居中还是偏右。偏度以 S_k 表示,其计算公式为

$$S_k = \frac{\sum\limits_{i=1}^{n} (x_i - \bar{x})^3}{\frac{n}{s^3}}$$

(3.11)

一般 S_k 在 0 与 ±3 之间。如 $S_k=0$，表示数据的分布是对称的；如 $S_k>0$，表示数据的分布为右偏或正偏；如 $S_k<0$，表示数据的分布为左偏或负偏。一般当 $|S_k|>2$ 时，就算偏斜程度很大了。

二、峰度

峰度（kurtosis）是分布集中趋势高峰的形状，指次数分配曲线顶端的尖峭程度。在变数数列的分布中，常用于描述数据分布形状平坦状况的统计指标，用 K_u 表示，其计算公式为

$$K_u = \frac{\sum\limits_{i=1}^{n}(x_i-\bar{x})^4}{\dfrac{n}{S^4}} - 3 \tag{3.12}$$

当正态分布时，$K_u=0$。以此为标准，就可以比较分析各种数据分布曲线的平坦程度了。通常，当 $K_u>0$，表示数据的分布曲线形状比较陡峭（尖峰）；当 $K_u<0$，表示数据的分布曲线形状比较平坦（平坦峰）。

偏度与峰度结合起来可以作为判断数据是否为正态分布的一种简单方法。

如果偏度 $S_k>0$ 为正偏态分布，$S_k<0$ 为负偏态分布；当峰度 $K_u>0$，则数据分布为尖顶峰，当 $K_u<0$ 为平坦峰；只有当偏度 S_k 与峰度 K_u 均接近 0 时，才表明数据为近似正态分布。

三、用 Excel 计算偏度与峰度

可使用 Excel 中的 SKEW 函数和 KURT 函数完成偏度和峰度的计算。

格式：

SKEW（number1，number2，...），返回所有参数中数据的偏度；

KURT（number1，number2，...），返回所有参数中数据的峰度。

例 3.10 以例 3.1 数据为例（光盘例 3.10），试用 Excel 计算其偏度与峰度。

操作步骤：

1. 输入数据，如图 3.10 所示（B2：B11）。

2. 单击存放样本偏度的单元格 D2（图 3.10）使其成为活动单元格，在单元格中输入：=SKEW（B2：B11），输入的计算式将在公式、函数、数值编辑区显示，然后回车，结果为 $S_k=1.12$；

单击存放峰度的单元格 D3（图 3.10）使其成为活动单元格，在单元格中输入：= KURT（B2：B11），输入的计算式将在公式、函数、数值编辑区显示，然后回车，结果为 $K_u=0.35$。

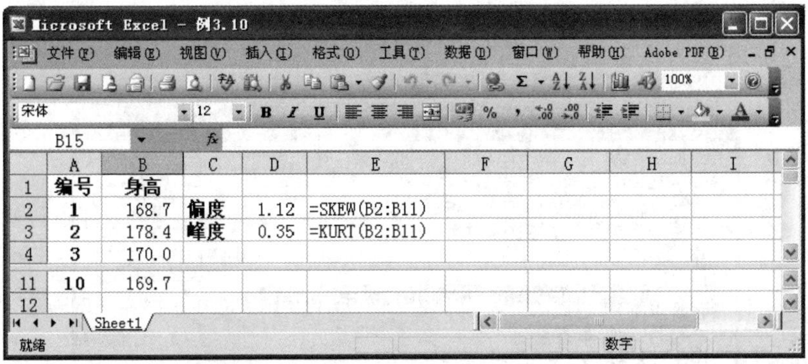

图 3.10　偏度、峰度的计算式及结果

第四节　用 Excel 软件进行样本统计量分析实例

当样本含量很大时，手工计算各统计指标，尤其是标准差、方差、偏度系数等的统计量，计算量很大且非常烦琐，很不适用。第三节介绍了如何使用 Excel 统计函数求各种统计指标的方法，本节将介绍如何使用 Excel 的数据分析功能，更方便地一次性计算各种统计指标。

例 3.11　以例 2.1 数据为例(光盘例 3.11)，试用 Excel 求各种统计指标。

操作步骤：

1. 输入数据，如图 3.11 左侧所示(B3：B102)；

图 3.11　描述统计的计算结果

2. 在"工具"菜单中选择"数据分析"功能，打开"数据分析"对话框，如图3.12所示；

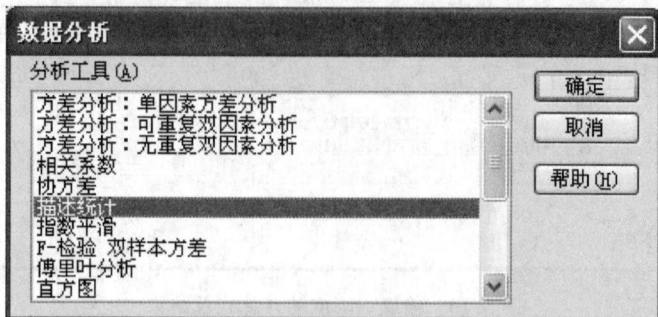

图 3.12 "数据分析"对话框

3. 选择"描述统计"功能，单击"确定"，系统打开描述统计对话框，如图3.13所示(以后各章节为叙述简单起见，对以上步骤2、步骤3的操作简记为：选"工具"→"数据分析"→"描述统计")；

4. 如图3.13所示，选定数据的输入区域。本例中数据是按列输入的，故分组方式应选"逐列"(系统默认值)；选定"标志位于第一行"复选框，指明数据区域的第一行为说明文字；在"输出选项"中选"输出区域"，单击输出区域文本框后，选定输出区域的左上角单元格；再选定"汇总统计"复选框，单击"确定"，系统输出计算结果，如图3.11右侧所示；

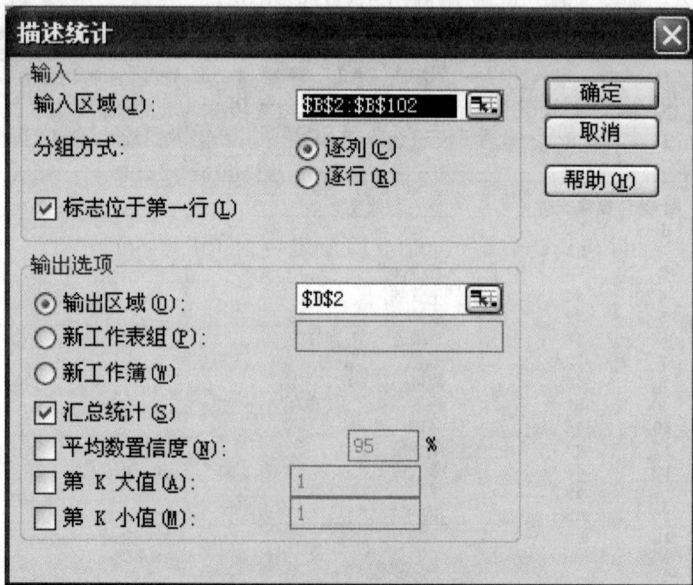

图 3.13 "描述统计"对话框

5. 输出内容说明。

平均：样本平均数(48.38)　　　观测数：样本含量(100)

区域：极差(35)

1. 何谓集中位置量数、离中位置量数？常用的统计量有哪些？

2. 什么叫平均数、中位数和众数？

3. 测得 6 岁男幼儿 10 折返跑 $\bar{x}=6.17$ s，$S=0.52$ s；立定跳远 $\bar{x}=112$ cm，$S=14.7$ cm，试比较 10 折返跑和立定跳远两项成绩的稳定程度。

4. 某体育学院 101 名正常女教职工体检的血清总胆固醇(mmol/L)测量结果如下，试分别用 Excel 的函数和数据分析工具计算其平均数、中位数、众数、标准差、方差、偏度、峰度和变异数。

2.35　4.21　3.32　5.35　5.25　4.17　4.13　2.78　4.26　3.58　4.34　4.84　4.33　4.41　4.15

4.78　3.95　3.92　3.58　5.26　3.66　4.28　3.26　3.50　2.70　4.61　4.75　3.70　2.91　4.36

3.91　4.59　4.19　2.68　4.06　4.52　4.91　3.18　3.68　4.83　3.87　3.95　3.02　3.91　4.95

4.15　4.55　4.80　3.41　3.29　4.12　3.95　5.08　4.32　3.92　3.58　5.35　3.86　3.84　3.00

3.60　3.51　4.06　3.07　4.28　3.55　4.23　3.57　4.83　3.52　3.84　4.50　3.51　3.96　3.26

4.50　3.27　4.52　3.19　3.98　4.59　3.78　3.98　4.13　4.26　3.63　3.87　5.03　5.71　3.25

3.30　4.73　4.17　5.13　4.48　3.78　4.57　3.80　3.93　3.78　3.99

第四章　正态分布及其应用

本章概要

　　本章着重介绍统计工作中常用的变量分布——正态分布，通过了解正态分布的曲线形状、特征，学习标准正态分布表的使用以及正态分布理论在体育实践中的应用等内容。

学习目标

　　掌握正态分布的一些性质，能熟练地掌握标准正态分布表的使用方法，并能应用正态分布理论解决体育实践中经常遇到的问题；熟悉Excel软件处理正态分布的相关操作。

关键术语

　　正态分布　正态曲线

第一节　正态分布

一、正态分布的概念

　　正态分布(normal distribution)又称为常态分布，是一种重要的连续型随机变量概率分布。体育领域中有许多变量是服从或近似服从正态分布的，如学生的身高、体重以及跳远、100 m跑等指标或成绩，往往服从或近似的服从正态分布。当样本含量较大时，其频数分布呈现出以下特征：平均数据附近分布的频数最多；平均数两侧越远，分布的频数越少，而且频数分布直方图呈现出左右近似对称的特征。数据的这种分布特征，我们称为正态分布。由于体育领域符合这种分布规律的现象十分广泛，所以正态分布就成为体育统计学的重要基础。

　　如图4.1所示，对原始数据按照频数分布表绘制成频数直方图，在样本含量逐渐增大，分组组数逐渐增加而组距逐渐减小的情况下，曲线逐渐平滑，形成中间高、两边低、左右对称的钟形曲线，这条曲线称为正态曲线(normal curve)。

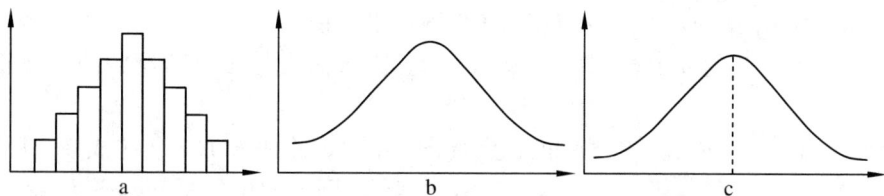

图 4.1 频数分布逐渐接近正态分布示意图

这条曲线与数学中的正态曲线极其相似，所以可通过正态曲线求解，算出横轴上任意一点所对应的曲线高度。因此，对正态分布可给出以下定义：

若随机变量 x 的概率分布密度函数是：

$$f(x) = \frac{1}{\sigma\sqrt{2\pi}}\mathrm{e}^{-\frac{(x-\mu)^2}{2\sigma^2}} \tag{4.1}$$

其中 μ、σ 都是常数，且 $\sigma>0$，则称 X 服从参数为 μ，σ 的正态分布，记为 $X\sim N(\mu, \sigma^2)$。式中，μ 为总体均数；σ 为总体标准差；e 为自然对数的底，e＝2.71828…。

二、正态分布曲线的性质

正态分布曲线，如图 4.2 和图 4.3 所示。

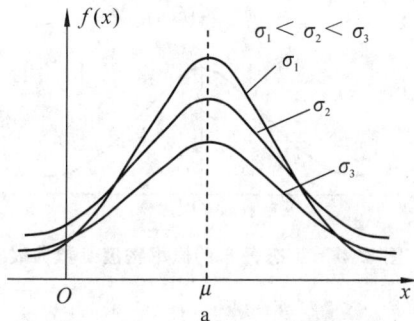

图 4.2 正态分布形态变换示意图　　**图 4.3 正态分布位置变换示意图**

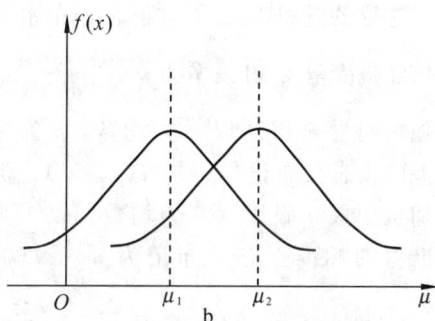

一般正态曲线具有如下性质：

1. $f(x)$ 在 $x＝\mu$ 处达到极大值，x 离 μ 越远，$f(x)$ 的值越小，且以 x 轴为渐进线；

2. 曲线关于 $x＝\mu$ 对称；

3. 分布曲线以 μ 和 σ 为参数。σ 越小，曲线越陡峭，反之就越平坦，参数 σ 反映了观测值取值相对 μ 的密集程度，σ 越小，说明观测值在 μ 两侧分布越密集；反之，说明观测值在 μ 两侧分布越分散；

4. 对相同的 σ，改变 μ 值相当于曲线的平移；

5. 变量 X 的取值范围 $(-\infty，+\infty)$，整条曲线与 x 轴所覆盖的全面积为 1。

例如，100 m 跑成绩服从正态分布，其中甲、乙两人 100 m 跑成绩：甲：$x_1 \sim N(12，0.1^2)$，乙：$x_2 \sim N(12.5，0.3^2)$；则说明甲的平均水平为 12 s，乙的平均水平为 12.5 s。甲比乙成绩好；$\sigma_1 = 0.1$，$\sigma_2 = 0.3$ 说明乙的成绩离散程度大，即乙成绩不如甲稳定。

三、标准正态分布

σ 和 μ 是正态分布曲线的两个参数，它们决定了正态分布曲线的形状和对称轴的位置。在实践中，因 μ 与 σ 取值不同或单位不同，用公式 (4.1) 计算出来的函数值则不同，因此在不同的情况下 $(\mu、\sigma$ 不同) 要得到正态曲线下某区间的概率较麻烦。为此，我们对服从正态分布 $(\mu，\sigma^2)$ 的变量 X 进行线性变换，使原来不同的参数 $\mu、\sigma$，取一些特殊值，使问题简化。因此，设定 $\mu = 0、\sigma = 1$，使其成为标准正态分布，记为 $Z \sim N(0，1)$，其概率密度函数为

$$f(u) = \frac{1}{\sqrt{2\pi}} e^{-\frac{u^2}{2}} \qquad (4.2)$$

其对应的分布曲线如图 4.4 所示。

这里的随机变量 u 与正态分布密度函数随机变量 x 的关系为 $u = \dfrac{x - \mu}{\sigma}$。如果随机变量 x 服从以 μ 为均数，σ 为标准差的正态分布记作 $x \sim N(\mu，\sigma^2)$，那么随机变量 u 服从以 0 为均数，以 1 为标准差的标准正态分布记为 $u \sim N(0，1)$。

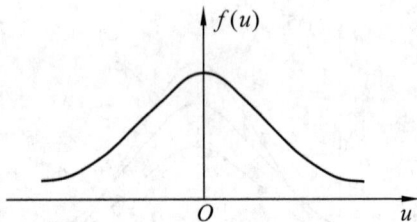

图 4.4　正态分布的概率密度函数曲线

对于每一个 u 具体变量的值，如 $x_1，x_2，x_3，\cdots，x_n$，可通过公式

$$u = \frac{x - \mu}{\sigma} \qquad (4.3)$$

转化为标准的 u 值，通过查表得其对应的概率分布。因此，公式 (4.3) 又称为标准化转换公式。在实践中，一般用样本平均数 $\bar{x}$ 和样本标准差 S 分别替代总体平均数 μ 和总体标准差 σ，其公式为

$$u = \frac{x - \bar{x}}{S} \qquad (4.4)$$

正态曲线下的几个特殊值，分别如图 4.5 所示。

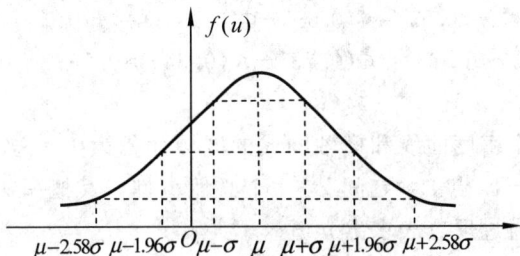

图4.5 正态曲线的特殊值示意图

四、标准正态分布表的使用

在标准正态分布中，随机变量 u 落在区间 $(-a,a)$ 内的概率等于正态曲线 $f(u)$ 与 $u=-a$、$u=a$ 及 x 轴所围成的曲边梯形的面积，如图4.6所示。

标准正态分布表是根据标准正态分布的概率密度函数，在随机变量 u 取不同数值时，计算出所对应的概率而列成的表。表的构造是：左边第一列是 u 值的个位和十分位，第一行是 u 值的百分位，表身的其他右下部分表示所对应的概率面积 P 值。

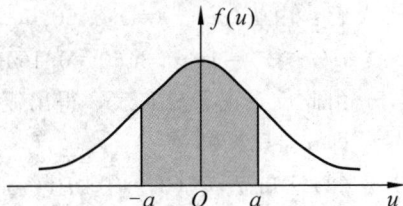

图4.6 正态分布曲边梯形面积图

1. 已知 u 值求概率

例4.1 已知 $u \sim N(0,1)$，试求以下 P 所对应的概率：

(1) $P(u < -0.87)$ (2) $P(u > -0.58)$

(3) $P(u < 0.47)$ (4) $P(u > 1.56)$

(5) $P(-1.34 < u < -0.53)$ (6) $P(-1.04 < u < 0.53)$

(7) $P(0.34 < u < 0.73)$

解：已知 u 值求概率，可通过查正态分布表完成计算。

(1) $P(u < -0.87) = \Phi(-0.87)$

查正态分布表，得 $\Phi(-0.87) = 0.1922$，即 $P(u < -0.87) = \Phi(-0.87) = 0.1922$

(2) 因正态曲线所覆盖的概率为1，故

$P(u > -0.58) = 1 - P(u < -0.58) = 1 - \Phi(-0.58) = 1 - 0.2810 = 0.7190$

(3) $P(u < 0.47) = \Phi(0.47) = 0.6808$

(4) $P(u > 1.56) = 1 - P(u < 1.56) = 1 - \Phi(1.56) = 1 - 0.9406 = 0.0594$

(5) $P(-1.34 < u < -0.53) = \Phi(-0.53) - \Phi(-1.34) = 0.2981 - 0.0901 = 0.2080$

(6) $P(-1.04 < u < 0.53) = \Phi(0.53) - \Phi(-1.04) = 0.7019 - 0.1492 = 0.5527$

(7) $P(0.34 < u < 0.73) = \Phi(0.73) - \Phi(0.34) = 0.7673 - 0.6331 = 0.1342$

2. 已知概率求 u 值

正态分布概率密度曲线和横轴围成的区域面积为1，这实际上表明了"随机变量 x 取值在 $-\infty$ 与 $+\infty$ 之间"是一个必然事件，其概率为1。故在已知概率的情况下，可通过反查表求出 u 值。

例 4.2

(1) 已知 $u \sim N(0, 1)$，试求：$P(u < x) = 0.7642$，求 x。

解：直接反查正态分布表，得出概率0.7642相对应的 u 值为0.72。

即 $x = 0.72$

(2) 已知 $u \sim N(0, 1)$，试求：$P(u > x) = 0.8460$，求 x。

解：由 $P(u > x) = 0.8460$ 知

$P(u < x) = 1 - 0.8460 = 0.1540$；

由此反查正态分布表，得出概率0.1540相对应的 u 值为 -1.02。

即 $x = -1.02$

(3) 已知 $u \sim N(0, 1)$，$P(-x < u < x) = 0.5$，求 x。

解：由 $P(-x < u < x) = 0.5$ 知

$P(u < -x) = \frac{1}{2}(1 - 0.5) = 0.25$

查表知 $P(u < -0.67) = 0.2514 \approx 0.25$，所以 $-x = -0.67$，则 $x = 0.67$。

标准正态分布下几个常用的概率

$P(-1 < x < 1) = 0.6826$

$P(-2 < x < 2) = 0.9545$

$P(-3 < x < 3) = 0.9973$

$P(-1.96 < x < 1.96) = 0.95$

$P(-2.58 < x < 2.58) = 0.99$

五、Excel 相关操作

1. 已知 u 值用 Excel 求概率

可使用 Excel 中的 NORMSDIST 函数完成已知 u 值求概率的计算。

格式：

NORMSDIST(z)，z 为需要计算其分布的数值，返回标准正态累积分布函数。

例 4.3 以例 4.1 数据为例（光盘：例 4.3），用 Excel 试求以下 P 所对应的概率：

操作步骤：

1. 输入数据，如图 4.7 所示(B2：B7)。

2. 单击存放样本概率的单元格 C2，C3，…，C6，C7(图 4.7)使其成为活动单元格，在单元格中输入 D2，D3，…，D6，D7 相应的计算式完成相应计算，结果如图 4.7 所示。

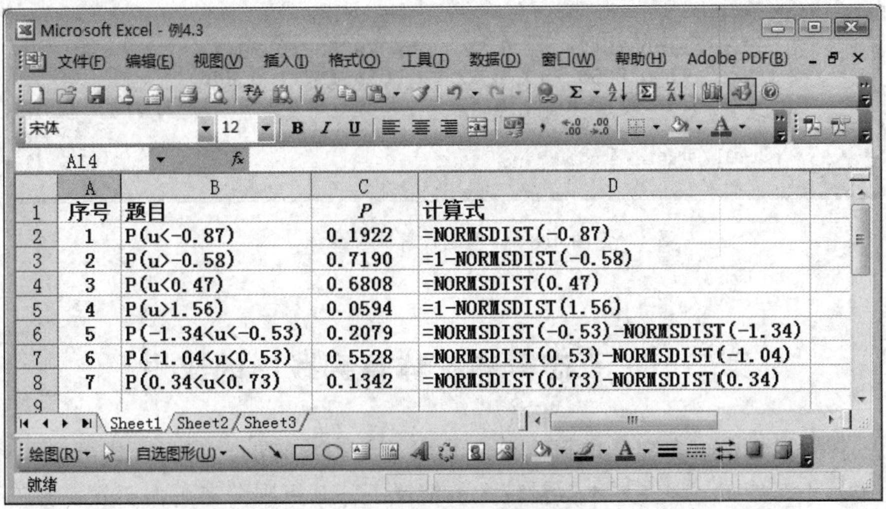

序号	题目	*P*	计算式
1	P(u<-0.87)	0.1922	=NORMSDIST(-0.87)
2	P(u)-0.58)	0.7190	=1-NORMSDIST(-0.58)
3	P(u<0.47)	0.6808	=NORMSDIST(0.47)
4	P(u>1.56)	0.0594	=1-NORMSDIST(1.56)
5	P(-1.34<u<-0.53)	0.2079	=NORMSDIST(-0.53)-NORMSDIST(-1.34)
6	P(-1.04<u<0.53)	0.5528	=NORMSDIST(0.53)-NORMSDIST(-1.04)
7	P(0.34<u<0.73)	0.1342	=NORMSDIST(0.73)-NORMSDIST(0.34)

图 4.7　概率的计算式及结果

2. 已知概率用 Excel 求 u 值。

可使用 Excel 中的 NORMSINV 函数完成已知概率求 u 值的计算。

格式：

NORMSINV (probability)，probability 为正态分布的概率值。

例 4.4　以例 4.2 数据为例(光盘例 4.4)，用 Excel 试求以下 P 所对应的概率：

操作步骤：

1. 输入数据，如图 4.8 所示(B2：B4)；

2. 单击存放样本概率的单元格 C2，C3，C4(图 4.8)使其成为活动单元格，在单元格中输入 D2，D3，D4 相应的计算式完成相应计算，结果如图 4.8 所示。

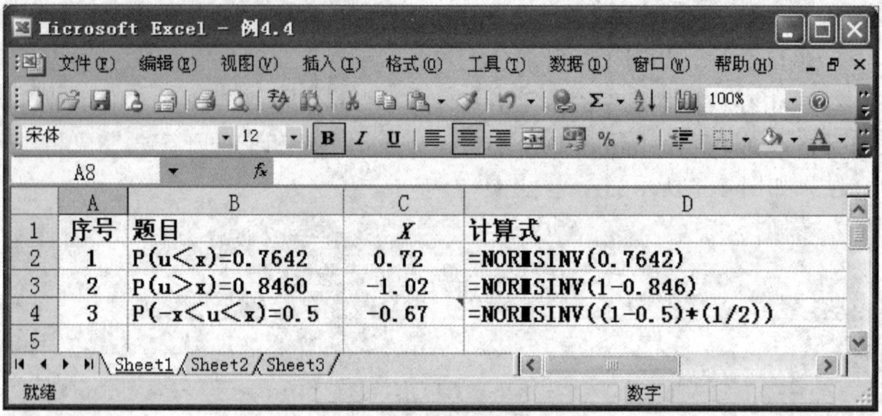

	A	B	C	D
1	序号	题目	X	计算式
2	1	P(u<x)=0.7642	0.72	=NORMSINV(0.7642)
3	2	P(u>x)=0.8460	-1.02	=NORMSINV(1-0.846)
4	3	P(-x<u<x)=0.5	-0.67	=NORMSINV((1-0.5)*(1/2))
5				

图 4.8 u 值的计算式及结果

第二节 正态分布在体育实践中的应用

体育科学中很多变量的概率分布是服从正态分布的，有些变量虽然不完全服从正态分布，但在样本含量较大的情况下，其极限分布近似于正态分布。因此，在体育教学、训练和科学研究过程中，正态分布有着较为广泛的应用。

一、正态分布在异常数据筛选中的应用

在实际工作中，经常会发现测试数据中有极端值的存在，人们常将那些来自非同一总体的极端数据称为异常数据。要对获得的数据进行排查，常通过 $\bar{x}\pm3S$ 来筛选异常值。因为对于服从正态分布的观测数据，以平均数为中心，左右 3 个标准差的范围，已经包括了全部数据的 99.73%；以 $\bar{x}$，S 估计 μ，σ 的值，其范围包括了所有样本数据的 99.73%，观测值落在该范围之外的概率很小，仅为 0.27%，因此采用这种简便方法检查数据的异常，并进一步检查核对异常数据的真实性。若检查发现其属于“假”、“误”数据应及时剔除；若数据无误，则可以与样本中其他数据一同进行分析。

二、利用正态分布去估计体育实践中的实际分布情况

在体育教学或运动训练中，要对学生或运动员各种身体素质或运动成绩进行评价，就要对具体身体素质或运动成绩数据的测量。在一定条件下可根据实际情况，运用正态分布理论估计人数或百分比，制定一个标准，从而能够比较客观、真实地反映教学或训练的情况以及对已制定标准的合理性进行评价。

例 4.5 某年级 200 名男生身高服从正态分布，$\bar{x}=148.4$ cm，$S=5.1$ cm，

1. 试估计以均数为中心，80%的男生身高数据范围及该区间相应的人数？
2. 求身高在 150~158 cm 之间的人数占总人数的百分比？

解：

1. 如图 4.9 所示

$$u=\frac{x-\bar{x}}{S}\sim N(0,1)$$

设以均数为中心，80%的男生身高范

围为(x_1，x_2)，则 $u_1=\frac{x_1-\bar{x}}{S}$，$u_2=\frac{x_2-\bar{x}}{S}$

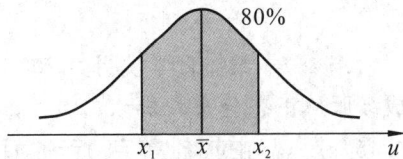

图 4.9 例 4.5 图示

$$P(u<u_1)=(1-80\%)/2=0.1$$
$$P(u<u_2)=0.8+0.1=0.9$$

查附表 1，0.1 的面积对应的 u 值为 -1.28；0.9 的面积对应的 u 值为 1.28，则 $u_1=-1.28$；所以 $u_2=1.28$，代入公式得

$$x_1=\bar{x}+u_1\cdot S=148.4-1.28\times5.10\approx141.9(\text{cm})$$
$$x_2=\bar{x}+u_2\cdot S=148.4+1.28\times5.10\approx154.9(\text{cm})$$

所以，以均数为中心，80%的男生身高范围为 $141.9\leqslant x\leqslant154.9$。此区间的人数为 $80\%\times200=160$ 人。

2. 如图 4.10 所示

$$u_1=\frac{x_1-\bar{x}}{S}=\frac{150-148.4}{5.1}\approx0.31,$$

$$u_2=\frac{x_2-\bar{x}}{S}=\frac{158-148.4}{5.1}\approx1.88$$

查正态分布表（附表 1），$u_1\approx0.31$ 对应的面积值为 0.6217；$u_2\approx1.88$ 对应的面积值为 0.9699。

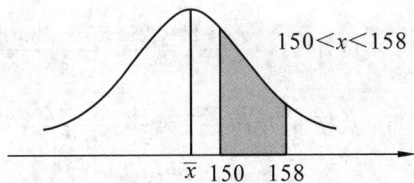

图 4.10 例 4.5 图示

$$P(150<x<158)=P(u_1<x<u_2)=0.9699-0.6217=34.82\%,$$

所以身高在 150~158 cm 之间的人数占总人数的 34.82%。

例 4.6 某体育学院 200 名男生身高服从正态分布，$\bar{x}=172.4$ cm，$S=6.0$ cm，试估计身高在 169.5~176.5 cm 之间的人数。

解：设身高 $X\sim N(\bar{x}, S^2)$，则有 $u=\frac{x-\bar{x}}{S}\sim N(0,1)$，如图 4.11 所示。

$$u_1=\frac{x_1-\bar{x}}{S}=\frac{169.5-172.4}{6.0}\approx-0.48,\quad u_2=\frac{x_2-\bar{x}}{S}=\frac{176.5-172.4}{6.0}\approx0.68$$

查附表 1，$u_1\approx-0.48$ 对应的面积值为 0.3156；$u_2\approx0.68$ 对应的面积值为 0.7517。

$$P(169.5 < x < 176.5) = P(u_1 < x < u_2) = 0.7517 - 0.3156 = 43.61\%,$$

此区间的人数为 $43.61\% \times 200 \approx$ 87 人。

例 4.7 某体育学院男生 200 m 跑成绩服从正态分布, $\bar{x} = 26.00$ s, $S = 0.45$ s。现制定各等级标准如下: 25.10 s 为优秀, 25.50 s 为良好, 26.45 s 为及格, 26.45 s 以上为不及格。试求各等级的百分比。

解：200 m 跑成绩服从正态分布, 属于径赛项目, 数值越小成绩越好, 成绩优秀、良好、不及格的概率如图 4.12 所示。

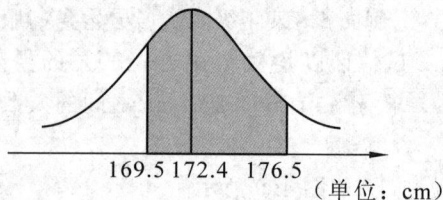

图 4.11 例 4.6 图示

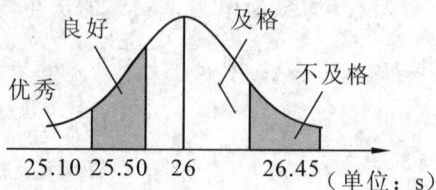

图 4.12 例 4.7 图示

1. 各等级的 u 值

由标准化公式 $u = \dfrac{x - \bar{x}}{S}$, 得

优秀 $u_1 = \dfrac{x_1 - \bar{x}}{S} = \dfrac{25.10 - 26.00}{0.45} = -2.00$

良好 $u_2 = \dfrac{x_2 - \bar{x}}{S} = \dfrac{25.50 - 26.00}{0.45} \approx -1.11$

及格 $u_3 = \dfrac{x_3 - \bar{x}}{S} = \dfrac{26.45 - 26.00}{0.45} = 1.00$

2. 求各等级的百分比

查正态分布表(附表 1), 得各等级的概率

$P_{优}(u_{优} < -2.00) = \Phi(-2.00) = 0.0228$

$P_{良}(u_{优} < u < u_{良}) = \Phi(u_{良}) - \Phi(u_{优}) = \Phi(-1.11) - \Phi(-2.00) = 0.1335 - 0.0228 = 0.1107$

$P_{及}(u_{良} < u < u_{及}) = \Phi(u_{及}) - \Phi(u_{良}) = \Phi(1.00) - \Phi(-1.11) = 0.8413 - 0.1335 = 0.7078$

$P_{不及格}(u_{不及格} > 1.00) = 1 - \Phi(1.00) = 1 - 0.8413 = 0.1587$

即各等级的百分比:

优秀: $0.0228 \times 100\% = 2.28\%$

良好: $0.1107 \times 100\% = 11.07\%$

及格: $0.7078 \times 100\% = 70.78\%$

不及格：$0.1587 \times 100\% = 15.87\%$

三、正态分布在制定考核标准中的应用

在体育实践中制定考核、考试标准时，由于田赛与径赛之间的区别，径赛成绩以时间为单位计量，数值越小成绩越好，其优秀成绩应在正态分布图的左侧；田赛成绩以长度为单位计量，数值越大成绩越好，其优秀成绩应在正态分布图的右侧。

例 4.8 某体育学院男生 100 m 跑成绩服从正态分布，$\bar{x} = 12.80$ s，$S = 0.60$ s，如设定测验标准为：优秀为 10%、良好为 30%、5% 的学生不及格，其余为及格，问优秀、良好、及格的成绩标准各是多少？

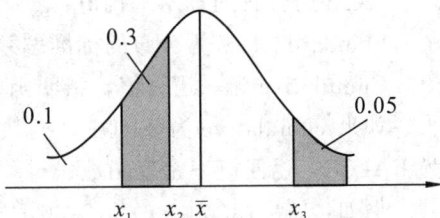

图 4.13　例 4.8 图示

解：100 m 跑成绩服从正态分布，属于径赛项目，数值越小成绩越好，成绩优秀、良好、不及格的概率如图 4.13 所示。

1. 求各等级的 u 值：

优秀：$\Phi(u_1) = 0.1$，反查表，得 $u_1 = -1.28$

良好：$\Phi(u_2) = 0.1 + 0.3 = 0.4$，反查表，得 $u_2 = -0.25$

及格：$\Phi(u_3) = 1 - 0.05 = 0.95$，反查表，得 $u_3 = 1.64$

2. 求各等级的评分标准：$\bar{x} = 12.8$ s，$S = 0.6$ s

由标准化公式 $u = \dfrac{x - \bar{x}}{S}$，转换为 $x = u \times S + \bar{x}$，因此

优秀标准：$x = -1.28 \times 0.60 + 12.80 \approx 12.03$(s)

良好标准：$x = -0.25 \times 0.60 + 12.80 \approx 12.65$(s)

及格标准：$x = 1.64 \times 0.6 + 12.8 \approx 13.78$(s)

不及格标准：13.78 s 以上为不及格。

即：优秀的标准是 12.03 s 以下（含 12.03 s），良好的标准是 12.04～12.65 s（含 12.65 s），及格的标准是 12.66～13.78 s（含 13.78 s），13.78 s 以上为不及格。

第三节　用 Excel 软件进行正态分布计算实例

一、Excel 估计体育实践中实际分布

使用正态分布表时需要对数据进行标准化变换，利用 Excel 的 NORM-

DIST 函数就可以非常方便地求解实际分布的问题，例如人数及百分比这一类的估计事例。

NORMDIST 函数的语法规则如下：

格式：NORMDIST（x，μ，σ，逻辑值），即 NORMDIST（x，mean，standard_dev，cumulative）

x 为需要计算其分布的数值；

Mean 为分布的算术平均值；

Standard_dev 为分布的标准偏差；

Cumulative 为一逻辑值，指明函数的形式。

如果 cumulative 为 TRUE，函数 NORMDIST 返回累计分布函数；如果为 FALSE，返回概率密度函数。

例如：$x = 13.00$，$\bar{x} = 12.80$，$S = 0.60$，NORMDIST（13.00，12.80，0.60，TRUE）的返回结果为 0.630559，$P(x < 13.00) = 0.630559$。

例 4.9　以例 4.7 数据为例（光盘例 4.9），试用 Excel 求各等级的百分比。

操作步骤：

1. 输入数据，如图 4.14 所示。

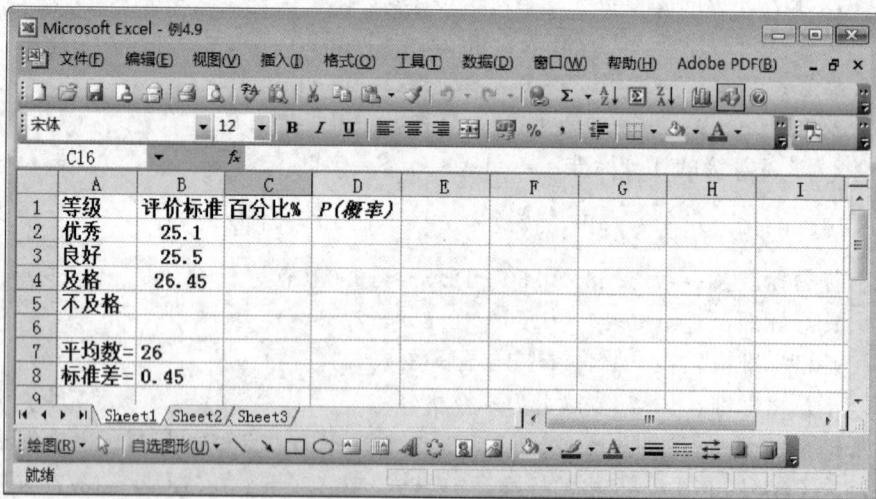

图 4.14　例 4.9 原始数据图示

2. 单击存放概率的单元格 D2（图 4.14）使其成为活动单元格，在单元格中输入：=NORMDIST(B2, B7, B8, TRUE)，输入的计算式将在公式、函数、数值编辑区显示，然后按回车键，结果为 0.0228，即优秀的概率为 0.0228，其百分比为 2.28%。

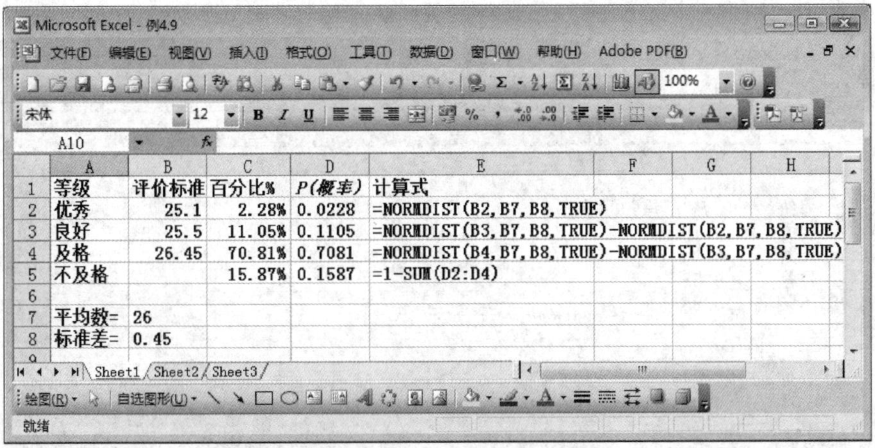

	A	B	C	D	E
1	等级	评价标准	百分比%	P(概率)	计算式
2	优秀	25.1	2.28%	0.0228	=NORMDIST(B2,B7,B8,TRUE)
3	良好	25.5	11.05%	0.1105	=NORMDIST(B3,B7,B8,TRUE)-NORMDIST(B2,B7,B8,TRUE)
4	及格	26.45	70.81%	0.7081	=NORMDIST(B4,B7,B8,TRUE)-NORMDIST(B3,B7,B8,TRUE)
5	不及格		15.87%	0.1587	=1-SUM(D2:D4)
6					
7	平均数=	26			
8	标准差=	0.45			

图 4.15　　例 4.9 计算式及结果

3. 用同样的方法在单元格 D3、D4、D5(图 4.15)中输入相应的计算式，计算对应的等级的概率(P 值)。

4. 在 C2、C3、C4、C5(图 4.15)中计算各等级的百分比。

二、Excel 制定体育实践中考核标准

在体育实践中制定考核、考试标准，其实质就是与上述情况相反，是已知概率反查正态分布表，得出 u 值，通过标准化公式再将 u 值转化成为原始数据，即具体的评价标准。利用 Excel 的 NORMINV 函数返回指定平均值和标准偏差的正态累计分布函数的反函数，就可以非常方便地求解。

格式：NORMINV(probability，mean，standard _ dev)

Probability：正态分布的概率值；

Mean：分布的算术平均值；

Standard _ dev：分布的标准偏差。

例如：设 $\Phi(u)=0.0228$，$\bar{x}=12.80$，$S=0.60$，求 x。

NORMINV(0.0228，12.80，0.60)的返回结果为 11.60，即 $x=11.60$。

例 4.10　以例 4.8 数据为例(光盘例 4.10)，试用 Excel 求各等级的评分标准。

操作步骤：

1. 输入数据，如图 4.16 所示。

图 4.16　例 4.10 原始数据图示

2. 单击存放评分标准的单元格 C2(图 4.16)使其成为活动单元格，在单元格中输入：＝NORMINV(B2, B7, B8)，输入的计算式将在公式、函数、数值编辑区显示，然后按回车键，结果为 12.03，即优秀的评分标准为 12.03 s以下。

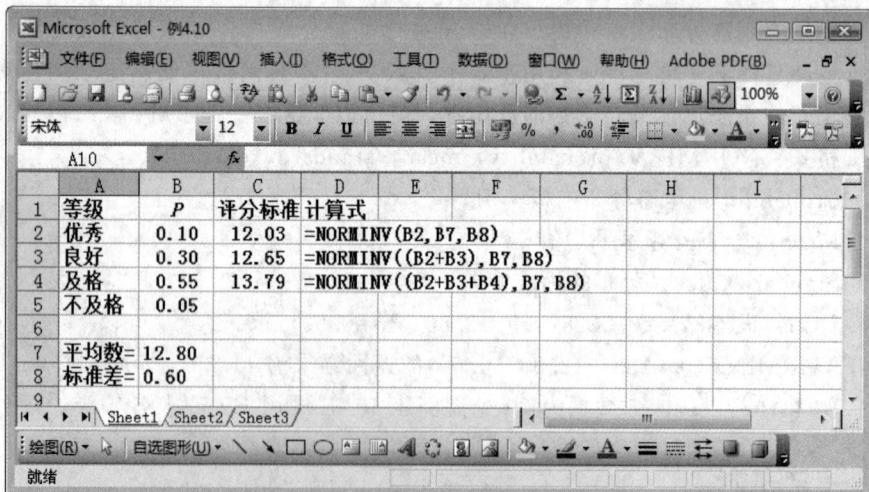

图 4.17　　例 4.10 计算式及结果

3. 用同样的方法在单元格 C3、C4(图 4.17)中输入相应的计算式，计算对应的等级的评分标准。

1. 简述正态分布曲线的性质。

2. 某班 48 名同学某次考试的体育成绩服从正态分布，$\bar{x}=80$，$S=10$，试估计 80 分至 90 分之间的人数？

3. 某年级有 500 名学生参加了 100 m 跑测试，其成绩服从正态分布，$\bar{x}=13.60$ s，$S=0.82$ s；试估计成绩在 14.00 s 以上的人数有多少？估计有多少人的成绩在 13.00 s 以内？

4. 某校女生的坐位体前屈成绩服从正态分布，其中 $\bar{x}=11.3$ cm，$S=3.00$ cm，若规定 12％为优秀，20％为良好，30％为中等，30％为及格，8％为不及格，试求各等级的标准。

5. 某校大学男生跳远成绩的 $\bar{x}=5.20$ m，$S=0.15$ m，原始变量基本呈正态分布，该校男生共 1500 人，试分别估计跳远成绩在 5.50 m 以上，5.30～5.50 m 之间，4.90 m 以下的人数。

第五章 体育评分

本章概要

本章着重介绍标准分、标准 T 分、位置百分、名次百分、标准百分、累进评分等常用的由具体数据变量转变为分数的评分方法以及它们在体育实践中的应用。

学习目标

通过本章的学习，理解体育评分的目的，掌握分数反映客观事实的基本原则，在实践中合理地选用体育评分方法去解决实际问题，了解 Excel 软件处理评分方法的相关操作。

关键术语

标准分 标准百分 位置百分 累进评分

在体育教学、运动训练和体育科学研究过程中，常常需要用分数去评定体育成绩和运动水平。但由于项目、指标的不同，众多数据不能直接进行对比和综合统计计算。对此就需要统一计量方法，将成绩或指标转换成为既可相互比较，又可进行综合分析的量。其中体育评分就是其中的一种方法。

体育评分的目的，除比较体育成绩的优劣外，还可以使测试者客观的认识到自己运动能力和水平的信息，找出存在的差距，从而调整训练的内容和负荷，提高运动水平，又可使教师、教练员了解教学和训练的效果，为改进教学和训练提供充分的依据。

第一节 标准评分

标准评分包含标准分、标准 T 分两类评分方法。

一、标准分

如果一组观测值服从正态分布，那么我们把这些观测值经标准化转换后得到的值，叫作标准分（standard score）也称为标准化值或 Z 分数（标准 Z 分）。

假设变量 x 服从正态分布 $N(\mu, \sigma^2)$，μ 和 σ 分别是正态总体的平均值和标准差，对正态变量 x 进行以下线性变换：

$$Z = \frac{x - \mu}{\sigma} \tag{5.1}$$

则 Z 服从均值为 0，标准差为 1 的标准正态分布 $N(0, 1)$，Z 值代表反映了某个实测值偏离总体均值 Z 个标准差，同时也反映了 x 在总体中的位置。Z 值作为 x 的得分，就叫标准 Z 分。

通过变换公式发现，Z 分没有具体项目和指标的差异，便于项目之间进行比较和统计运算，可以用于多项目观测指标的综合评价。

实际应用中，由于总体参数往往难以得到，常用样本统计量 $\bar{x}$ 代替 μ，S 代替 σ。

标准 Z 分的公式为

$$Z = \frac{x - \bar{x}}{S} \tag{5.2}$$

由于体育运动项目的差别，有的运动项目测得值越大，成绩越好，比如跳高、铅球等项目，我们称它为高优指标。有的运动项目测得值越小，成绩越好，比如 100 m 跑、游泳等项目，我们称它为低优指标。

标准 Z 分计算公式转换为：

高优指标：$Z = \dfrac{x - \bar{x}}{S}$ $\tag{5.3}$

低优指标：$Z = \dfrac{\bar{x} - x}{S}$ $\tag{5.4}$

例 5.1 某学院大学男生跳远统计量 $\bar{x} = 5.20$ m，$S = 0.15$ m，如果甲同学跳远成绩为 5.50 m，乙同学成绩为 4.95 m，试求其标准 Z 分。

解：跳远为高优指标，将其数据代入式(5.3)得

甲同学：$Z = \dfrac{x - \bar{x}}{S} = \dfrac{5.50 - 5.20}{0.15} = 2$

乙同学：$Z = \dfrac{x - \bar{x}}{S} = \dfrac{4.95 - 5.20}{0.15} \approx -1.67$

例 5.2 某年级学生 100 m 跑统计量为 $\bar{x} = 13.6$ s，$S = 0.6$ s；如果甲同学的 100 m 跑成绩为 13.3 s，乙同学成绩为 14.2 s；试求其标准 Z 分。

解：100 m 跑为低优指标，将其数据代入式(5.4)得

甲同学：$Z = \dfrac{\bar{x} - x}{S} = \dfrac{13.6 - 13.3}{0.6} = 0.5$

乙同学：$Z = \dfrac{\bar{x} - x}{S} = \dfrac{13.6 - 14.2}{0.6} = -1$

标准 Z 分在实际应用中常制成成绩、分数对照表。一类是以一定的运动

成绩为间隔，算出相应的 Z 分；一类是以一定的 Z 分为间隔，算出相应的运动成绩，然后制成表格，便于查对。

由上述例子可以看出，标准 Z 分可正可负，由于负数一般不习惯用，但这种方法在科学研究过程中较为方便。具有以下优点：

1. 分数反映位置

从分数可以直接知道其相应的成绩在总体中的位置，如得 0 分，表示成绩在平均水平上，即有 50% 的个体比其高，得 -1 分，表示在平均水平以下一个标准差的位置，有 84.13%（50%+34.13%=84.13%）的个体比其水平高。

2. 便于综合计算

Z 分消除了量纲，不同单位的项目都可以转换为标准分数，可以进行综合的统计运算。

3. 便于进行比较

由于不同单位的成绩都转换为标准分数，便于对不同项目、不同单位和不同时期的成绩进行横向、纵向的比较。

在进行综合评价时，常把多项观测指标的成绩都转换成标准分数，然后按一定的权重相加，并据此可对某一个体在总体中的水平进行综合评价。

二、标准 T 分

标准 T 分是由标准 Z 分演变而来，标准 Z 分有负分的存在，不便于理解和应用，所以在标准 Z 分的基础上，将其进行转换，便得到不存在负分的标准 T 分。

在标准 T 分的使用过程中，只要适用于标准 Z 分的成绩或指标，都适合计算标准 T 分。

1. 标准 10 分

在正态分布中，$\mu \pm 5\sigma$ 的范围包括全部频数的 99.99995%，即几乎包含了全部个体。把低于平均水平 5σ 处的成绩定位为 0 分，把高于平均水平 5σ 处的成绩定位为 10 分，平均水平作为 5 分，有时常称为"标准 10 分"。

标准 10 分计算公式为：

$$高优指标：T = 5 + \frac{x - \mu}{\sigma} \tag{5.5}$$

$$低优指标：T = 5 + \frac{\mu - x}{\sigma} \tag{5.6}$$

在实际应用中，由于总体参数往往难以得到，常用样本统计量 $\bar{x}$ 代替 μ，S 代替 σ 计算标准 T 分。

标准 10 分计算公式转换为：

高优指标：$T = 5 + \dfrac{x - \bar{x}}{S}$ (5.7)

低优指标：$T = 5 + \dfrac{\bar{x} - x}{S}$ (5.8)

根据以上公式算出的 T 分，最低分为 0 分，最高分为 10 分，这样比较符合人们的习惯。

例 5.3 某学院大学男生跳远成绩统计量分别为：$\bar{x} = 5.20$ m，$S = 0.15$ m；如果甲同学跳远成绩为 5.50 m；乙同学成绩为 4.95 m；试求其标准 T 分。

解：跳远为高优指标，将其数据代入式(5.7)得

甲同学：$T = 5 + \dfrac{x - \bar{x}}{S} = 5 + \dfrac{5.50 - 5.20}{0.15} = 7$

乙同学：$T = 5 + \dfrac{x - \bar{x}}{S} = 5 + \dfrac{4.95 - 5.20}{0.15} \approx 3.33$

例 5.4 某年级学生 100m 跑统计量为 $\bar{x} = 13.6$ s，$S = 0.6$ s；如果甲同学的 100 m 跑成绩为 13.3 s，乙同学成绩为 14.2 s；试求其标准 T 分。

解：100 m 跑为低优指标，将其数据代入式(5.8)得

甲同学：$T = 5 + \dfrac{\bar{x} - x}{S} = 5 + \dfrac{13.6 - 13.3}{0.6} = 5.5$

乙同学：$T = 5 + \dfrac{\bar{x} - x}{S} = 5 + \dfrac{13.6 - 14.2}{0.6} = 4$

为了使用方便，也可以像标准 Z 分那样，把标准 T 分制成评分表，也就是我们常称的 10 分制表。

2. 标准百分

以上"标准十分"消除了 0 分的存在，但是在实践中，人们往往习惯于百分制的评分方法。在"标准 10 分"的基础上，把标准 10 分扩大 10 倍就得到标准百分。

标准百分计算公式为：

高优指标：$T = 50 + \dfrac{x - \mu}{\sigma} \times 10$ (5.9)

低优指标：$T = 50 + \dfrac{\mu - x}{\sigma} \times 10$ (5.10)

在实际应用中，由于总体参数往往难以得到，常用样本统计量 $\bar{x}$ 代替 μ，S 代替 σ 计算标准百分。

标准百分计算公式转换为：

高优指标：$T = 50 + \dfrac{x - \bar{x}}{S} \times 10$ (5.11)

低优指标：$T = 50 + \dfrac{\overline{x} - x}{S} \times 10$ （5.12）

例 5.5 某年级女生立定跳远成绩 $\overline{x} = 156.0$ cm，$S = 18.4$ cm；如果甲学生跳远成绩为 175.6 cm；乙学生成绩为 140.0 cm；试求其标准百分。

解：立定跳远为高优指标，将其数据代入式(5.11)得

甲同学：$T = 50 + \dfrac{x - \overline{x}}{S} \times 10 = 50 + \dfrac{175.6 - 156.0}{18.4} \times 10 = 60.65$

乙同学：$T = 50 + \dfrac{x - \overline{x}}{S} \times 10 = 50 + \dfrac{140.0 - 156.0}{18.4} \times 10 = 41.30$

例 5.6 某大学男生 1000 m 跑成绩相关统计量为：$\overline{x} = 229.88$ s，$S = 21.25$ s；如果甲同学的 1000 m 跑成绩为 218.34 s，乙同学成绩为 251.52 s；试求其标准百分。

解：1000 m 跑为低优指标，将其数据代入式(5.12)得

甲同学：$T = 50 + \dfrac{\overline{x} - x}{S} \times 10 = 50 + \dfrac{229.88 - 218.34}{21.25} \times 10 \approx 55.43$

乙同学：$T = 50 + \dfrac{\overline{x} - x}{S} \times 10 = 50 + \dfrac{229.88 - 251.52}{21.25} \times 10 \approx 39.82$

由上述两个例子可以看出，标准百分不仅有利于不同项目之间的比较和统计分析，而且符合人们日常的评分习惯。

第二节　位置百分

位置百分，就是将所有原始数据排序，分成 100 分，每个等分点的数值就是位置百分，每一个等分点所对应的原始观测值，就是一个百分位数。如 P_{10}，表示秩次为 10 的百分位数，第 10 百分位数的位置百分便是 10。

在体育领域中，有的测量数据呈正态分布，有些数据只是近似正态分布或者说是明显的偏态分布。因此，用平均数为基准值，以标准差为离散距来对非正态分布的数据进行评分显然是不适宜的。位置百分不仅适合对正态分布的数据进行评分，而且适合对非正态分布的数据进行评分。位置百分不受原始数据分布的限制，所以不需要对原始数据进行正态检验，可直接对原始数据进行评分，是一种应用范围比较广泛的评分方法。

一、连续型资料的位置百分计算

根据位置百分的定义，先对样本观测值按从小到大进行排序，高优指标常以从小到大排序，低优指标常以从大到小排序，然后将所求观测值在样本中的次序位置转换成位置百分。这种方法适合于手工计算并且数据量不是太

大时使用。计算公式为

$$P = \frac{m}{n} \times 100 \qquad (5.13)$$

式中，P 为位置百分；n 为样本含量，m 为某一成绩的位置。

例 5.7 某校 100 名男生原地纵跳成绩（单位：cm）见表 5.1（已排序）。试计算成绩为 35、40、56、62 的位置百分。

表 5.1　100 名男生原地纵跳成绩　　　　　（单位：cm）

	0	1	2	3	4	5	6	7	8	9
0	30	32	33	34	35	36	36	37	38	39
10	39	39	40	41	41	41	42	42	42	43
20	43	43	43	43	43	44	44	44	44	44
30	45	45	45	46	46	46	46	46	46	47
40	47	47	47	48	48	48	48	48	48	48
50	49	49	49	49	49	49	50	50	50	50
60	50	50	51	51	51	51	52	52	52	52
70	52	53	53	53	53	53	54	54	54	54
80	55	55	55	56	56	56	56	57	57	57
90	58	58	58	59	60	61	62	63	64	65

解：由于原始数据已经排序，可以从表 5.1 中直接查得成绩的位置 m，进行计算。

已知 $n = 100$，各成绩的位置百分计算如下：

(1) $x = 35$ 时，$m = 4$，$P = \dfrac{m}{n} \times 100 = \dfrac{4}{100} \times 100 = 4$

(2) $x = 40$ 时，$m = 12$，$P = \dfrac{m}{n} \times 100 = \dfrac{12}{100} \times 100 = 12$

(3) $x = 56$ 时，有 4 个相同的成绩，m 分别为 83、84、85、86，此时可根据具体情况和需要，作如下处理：

取最低位置 $m = 83$，$P = \dfrac{m}{n} \times 100 = \dfrac{83}{100} \times 100 = 83$

取平均位置 $m = \dfrac{83 + 84 + 85 + 86}{4} = 84.5$，　$P = \dfrac{m}{n} \times 100 = \dfrac{84.5}{100} \times 100 = 84.5$

取最高位置 $m = 86$，$P = \dfrac{m}{n} \times 100 = \dfrac{86}{100} \times 100 = 86$

(4) $x = 62$ 时，$m = 96$，$P = \dfrac{m}{n} \times 100 = \dfrac{96}{100} \times 100 = 96$。

二、离散型资料的位置百分计算

离散型资料又称为计数资料，一般是指用次数或个数进行统计的资料。如投篮个数、引体向上次数。这类数据的位置百分是根据累计频数分布表中的累计频率来确定的。根据表 5.2 可以查出相应成绩所对应的位置百分。如引体向上为 17 次，所对应的累计频率为 35.00%，即其位置百分为 35 分。

表 5.2　某体育学院 380 名男生引体向上成绩分布

成绩	频数	累计频数	累计频率%	成绩	频数	累计频数	累计频率%
10	1	1	0.26	21	32	313	82.37
11	1	2	0.53	22	28	341	89.74
12	3	5	1.32	23	17	358	94.21
13	7	12	3.16	24	9	367	96.58
14	14	26	6.84	25	5	372	97.89
15	29	55	14.47	26	3	375	98.68
16	34	89	23.42	27	2	377	99.21
17	44	133	35.00	28	1	378	99.47
18	49	182	47.89	29	1	379	99.74
19	54	236	62.11	34	1	380	100.00
20	45	281	73.95				

位置百分是根据测量数据在群体中的分布位置进行评分的。这种方法不仅适用于正态分布的数据，也适用于非正态分布数据。它既适用于连续型数据评分，也适用于离散型数据评分。由于它不需要对原始数据进行正态检验，所以在体育评分中使用较多。

在使用位置百分评分的过程中，中间频数分布较多、两头分布较少时，中间成绩的分数相差较大，接近两端的分数差距较小。另外，这种方法仅根据分布位置进行评分，从而忽略了原始数据间的差异大小，所以失去了原始数据的部分信息。

第三节　名次百分

在体育评分过程中，如果遇到没有具体数量成绩的资料，无法评定分数，只能评出名次；或者说人数太少，不能进行频数分布的资料，可先评出名次，再由名次变为百分，以便与其他成绩进行综合计算。根据名次计算的百分称为名次百分，计算公式如下：

$$P = 100 - \frac{100(x - 0.5)}{n} \tag{5.14}$$

式中，P 为名次百分；x 为名次；n 为样本含量；0.5 是由于名次是离散型数据而用的校正值。例如，第 2 名所占的位置是从 1 到 2 这个区间，其代表值应是 $\frac{1+2}{2} = 1.5$，即 $2 - 0.5 = 1.5$。$\frac{x - 0.5}{n}$ 表示第 x 名所在位置占全部频数的百分比，乘以 100 即化为分数。x 越大，名次越靠后，该分数也越大，所以用 100 减去该分数就是最终的名次百分。

例 5.8 4 名足球教师对足球比赛中的 9 支足球队比赛情况排出名次，试计算不同名次的名次百分。

解：名次 1，2，3，…，9，分别代入式(5.14)得名次百分为：

$x = 1$ 时，$P = 100 - \frac{100(x - 0.5)}{9} = 100 - \frac{100(1 - 0.5)}{9} \approx 94.44$

$x = 2$ 时，$P = 100 - \frac{100(x - 0.5)}{9} = 100 - \frac{100(2 - 0.5)}{9} \approx 83.33$

$\vdots$

$x = 9$ 时，$P = 100 - \frac{100(x - 0.5)}{9} = 100 - \frac{100(9 - 0.5)}{9} \approx 5.56$

通过计算得出来的名次百分虽然是一种近似，但可以将名次变为分数后与其他指标进行比较或进行综合计算。

第四节　累进评分

在体育运动项目中，在不同的运动水平时，提高相同幅度的成绩，其付出的努力和克服的困难是不一样的。例如，100 m 跑要从 10.1 s 提高到 10.0 s 与 15.6 s 提高到 15.5 s，同样提高 0.1 s，但运动员需要付出的努力和提高成绩的难度是不同的。因此，对这类项目的评分应考虑到难度这一因素。成绩增加难度越大，相应得分也越高的评分方法，称为累进评分法。前三节介绍的方法，虽然不是累进的，但各有其优点，在实际工作中，可根据具体情况选用。

累进评分法的优点在于使分数的累进与成绩提高的难度相适应，所以能够对成绩作出较为合理的评价；缺点是当分数等级分得太多时累进不明显。

累进评分法被广泛地应用于各项比赛，例如田径十项全能评分表、体育专业招生术科评分表就是以累进评分法制定的。

累进评分法是以正态分布理论为依据，根据抛物线公式进行计算，其评分公式为：

$$Y = KD^2 - Z \qquad (5.15)$$

式中，Y 为累进分数；K 为系数；D 为某成绩在标准正态曲线横轴上的位置；Z 为基分点以左的分数。

D 值实际上就是以前所讲述的标准 10 分

$$\text{高优指标}: D = 5 + \frac{x - \bar{x}}{S} \qquad (5.16)$$

$$\text{低优指标}: D = 5 + \frac{\bar{x} - x}{S} \qquad (5.17)$$

D 值表也可以根据表 5.3 直接查出。

表 5.3　D 值表

位置	$-5S$	$-4S$	$-3S$	$-2S$	$-1S$	$\bar{x}$	$1S$	$2S$	$3S$	$4S$	$5S$
$D_高$	0	1	2	3	4	5	6	7	8	9	10
$D_低$	10	9	8	7	6	5	4	3	2	1	0

累进评分法的计算步骤：

1. 根据样本数据计算 $\bar{x}$，S，并确定样本是否服从或近似服从正态分布。

2. 确定评分范围及评分基点和满分点的成绩与分数。一般满分点定在 100 分，基分点定在 0 分，也可根据评价的目的定在其他的合理位置。参与评分的成绩范围应按实际测量中成绩最高值和最低值之间的距离相当于几个标准差来确定，可以 $\bar{x}\pm5S$、$\bar{x}\pm4S$、$\bar{x}\pm3S$ 的对称区间范围评分；评分范围也可不对称，如 $\bar{x}-5S$～$\bar{x}+3S$。

3. 评分间距的确定应根据专项特点和实际需要而定；如 100 m 跑成绩可以以 0.1 s 为评分间距，跳远可以 1 cm 为评分间距。评分间距越小，评分表越细。

4. 计算某一成绩对应的 D 值。

5. 将满分点和基分点对应的 D 值以及分数代入式(5.15)，计算 K 和 Z 的值，得到确定的评分公式。

6. 依次将各成绩的 D 值代入确定的评分公式，计算每一成绩的累进分数，制作累进评分表。

例 5.9　已知某年级男生跳远成绩 $\bar{x}=5.30$ m，$S=0.40$ m，若规定 $\bar{x}-1.5S$ 位置为 60 分，$\bar{x}+3S$ 位置为 100 分，甲、乙两人的成绩分别为 5.60 m 和 4.80 m，试按累进评分法计算他们的分数。

解：

1. 求基分点和满分点的 D 值。

因为跳远为高优指标，查 D 值表，得

$D_{100} = 8$，$D_{60} = 6.5$

2. 求评分方程。

将 D_{100}、D_{60} 代入式(5.15)，得方程组

$$\begin{cases} 100 = 8^2 K - Z \\ 60 = 6.5^2 K - Z \end{cases} \quad \text{解方程得} \quad \begin{cases} K \approx 0.54 \\ Z \approx -65.2 \end{cases}$$

将 K 和 Z 代入式(5.15)，得到相应的评分公式为：

$$Y = 0.54 D^2 + 65.2$$

3. 求累进分数。

将 $x = 5.60$ 代入所得评分公式，得

$$Y_{5.6} = 0.54 \times \left(5 + \frac{5.6 - 5.3}{0.4}\right)^2 + 65.2 \approx 83.05$$

将 $x = 4.80$ 代入所得评分公式，得

$$Y_{4.8} = 0.54 \times \left(5 + \frac{4.8 - 5.3}{0.4}\right)^2 + 65.2 \approx 72.79$$

4. 累进评分表的制定。

例 5.10　某运动队 100 m 跑成绩 $\bar{x} = 12.6$ s，$S = 0.6$ s，最好成绩 11.0 s，最差成绩 15.3 s。100 m 跑成绩服从正态分布，试制定累进评分表。

解：

1. 求基分点和满分点的 D 值。

为了使评分范围包含最好成绩和最差成绩，把 $\bar{x} + 5S = 12.6 + 5 \times 0.6 = 15.6$ s 定为基分点，得分为 0 分；把 $\bar{x} - 3S = 12.6 - 3 \times 0.6 = 10.8$ s 定为满分点，得分为 1000 分；

因为 100 m 跑为低优指标，查 D 值表，得

$D_{1000} = 0$，$D_0 = 8$

2. 求评分方程。

将 D_{1000}、D_0 代入式(5.15)，得方程组

$$\begin{cases} 1000 = 8^2 K - Z \\ 0 = 0^2 K - Z \end{cases} \quad \text{解方程得} \quad \begin{cases} K = \dfrac{1000}{64} \\ Z = 0 \end{cases}$$

将 K 和 Z 代入式(5.15)，得到相应的评分公式为：

$$Y = \frac{1000}{64} D^2$$

3. 确定评分间距。

按要求确定评分间距为 0.1 s，这样每个人的成绩都可从累进评分表中查出相应的分数。

4. 计算 D 值。

成绩每变化 $0.1\,\mathrm{s}$，D 值的变化值为：$\dfrac{0.1}{S}=\dfrac{0.1}{0.6}=\dfrac{1}{6}$

当 $x=10.8$ 时，$D=8$

当 $x=10.9$ 时，$D=8-\dfrac{1}{6}$

当 $x=11.0$ 时，$D=8-\dfrac{1}{3}$

⋮

当 $x=15.6$ 时，$D=0$

5. 将 D 值依次代入所求方程，计算累进得分。

当 $x=10.8$ 时，$Y=\dfrac{1000}{64}\times 8^2=1000$

当 $x=10.9$ 时，$Y=\dfrac{1000}{64}\times\left(8-\dfrac{1}{6}\right)^2=959$

当 $x=11.0$ 时，$Y=\dfrac{1000}{64}\times\left(8-\dfrac{1}{3}\right)^2=918$

⋮

当 $x=15.6$ 时，$Y=\dfrac{1000}{64}\times 0^2=0$

6. 列出成绩、分数对照表。

表 5.4   100 m 跑成绩与累进评分对照表

成绩	分数	成绩	分数	成绩	分数	成绩	分数	成绩	分数
10.8	1000	11.8	627	12.8	340	13.8	141	14.8	28
10.9	959	11.9	594	12.9	316	13.9	125	14.9	21
11.0	918	12.0	563	13.0	293	14.0	111	15.0	16
11.1	879	12.1	532	13.1	271	14.1	98	15.1	11
11.2	840	12.2	502	13.2	250	14.2	85	15.2	7
11.3	803	12.3	473	13.3	230	14.3	73	15.3	4
11.4	766	12.4	444	13.4	210	14.4	63	15.4	2
11.5	730	12.5	417	13.5	191	14.5	53	15.5	0(0.43)
11.6	694	12.6	391	13.6	174	14.6	43	15.6	0
11.7	660	12.7	365	13.7	157	14.7	35		

由表 5.4 可以看出每增加 $0.1\,\mathrm{s}$ 所减少的分数是不相同的。这充分体现了累进评分的基本思想，使分数的累进与成绩提高的难度相适应，即成绩越向上，提高相同的幅度时，难度越大，相应的累进分数越高。这种评分方法对

大多数的竞赛项目是合理的,尤其是高水平的对象。但是由于在制作累进评分表时,由于四舍五入而造成不合理的累进误差,即由于取舍的原因引起高水平的成绩累进的分数低于相邻低水平成绩累进的分数,也可能会出现高低相互交错的累进分数,对于这种不合理的累进分数,应给予适当的调整。可能的话,可适当增大评分间距,从而减少这种情况的发生。

第五节　用 Excel 软件评分的实例

一、Excel 计算标准评分

可以借助 Excel 单元格计算功能,输入相应的计算公式计算对应的标准分。

例 5.11　某学院大学男生跳远统计量 $\bar{x} = 5.20$ m,$S = 0.15$ m(光盘例 5.11);如果甲学生跳远成绩为 5.50 m;试用 Excel 求标准 Z 分、标准 T 分和标准百分。

操作步骤:

1. 由于跳远是高优指标;

2. 输入数据,如图 5.1 所示;

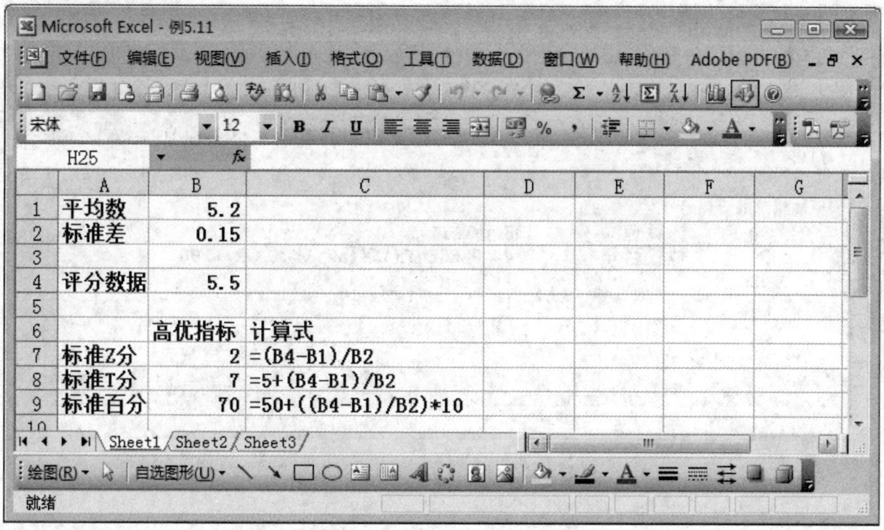

图 5.1　例 5.11 计算式及结果

3. 单击存放标准 Z 分的单元格 B7(图 5.1)使其成为活动单元格,在单元格中输入:＝(B4－B1)/B2,输入的计算式将在公式、函数、数值编辑区显示，然后回车，结果为 2，即标准 Z 分为 2；

4. 用同样的方法在单元格 B8（图 5.1）中输入＝5＋(B4－B1)/B2，然后回车，结果为 7，即标准 T 分为 7；

5. 用同样的方法在单元格 B9（图 5.1）中输入＝50＋((B4－B1)/B2)＊10，然后回车，结果为 70，即标准百分为 70。

二、Excel 计算位置百分

利用 Excel 的 PERCENTRANK 函数，返回特定数值在一个数据集中的百分比排位，计算位置百分。

格式：PERCENTRANK(array，x，significance)

array：为定义相对位置的数组或数字区域；

x：为数组中需要得到其排位的值；

significance：为可选项，表示返回的百分数值的有效位数。如果省略，函数 PERCENTRANK 保留 3 位小数。

例 5.12 以例 5.7 数据为例（光盘例 5.12），试用 Excel 计算成绩为 35cm 的位置百分。

操作步骤：

1. 输入数据，如图 5.2 所示（A2：A101）。

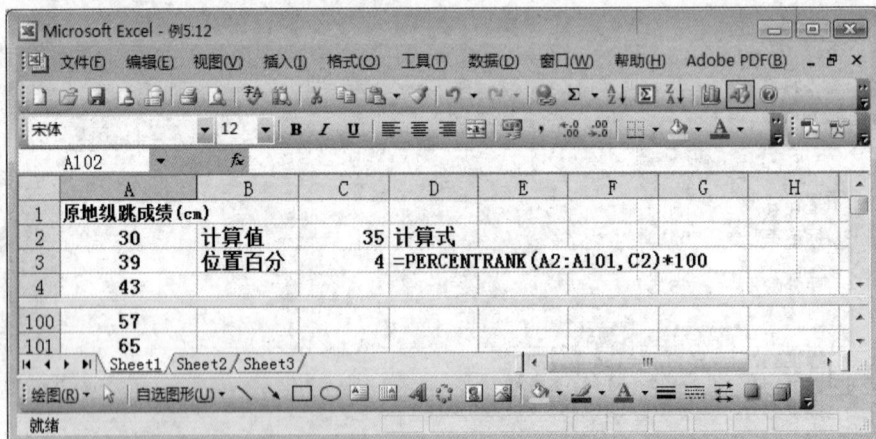

图 5.2 例 5.12 计算式及结果

2. 单击存放的单元格 C2（图 5.2）使其成为活动单元格，在单元格中输入所要计算的成绩（计算值）：35。

3. 单击存放位置百分的单元格 C3（图 5.2）使其成为活动单元格，在单元格中输入：＝PERCENTRANK(A2：A101，C2)＊10，输入的计算式将在公式、函数、数值编辑区显示，然后按回车键，结果为 4，即原地纵跳成绩为 35 cm 的位置百分为 4。

三、Excel 计算累进评分

可以借助 Excel 单元计算功能，输入计算公式计算累进评分。

例 5.13 以例 5.10 数据为例（光盘例 5.13），已知某运动队 100 m 跑成绩 $\bar{x}=12.6$ s，$S=0.6$ s，最好成绩 11.0 s，最差成绩 15.3 s。试用 Excel 制定累进评分表。

操作步骤：

1. 确定评分范围和累进评分方程。

为了使评分范围包含最好成绩和最差成绩，把 $\bar{x}+5S=12.6+5\times0.6=15.6$ s 定为基分点，得分为 0 分；把 $\bar{x}-3S=12.6-3\times0.6=10.8$ s 定为满分点，得分为 1000 分；

累进评分方程：$Y=\dfrac{1000}{64}D^2$

2. 输入数据，以 10.8～15.6 s 为成绩范围，以 0.1 s 为一个评分间隔输入数据，如图 5.3 所示（A2：A50）。

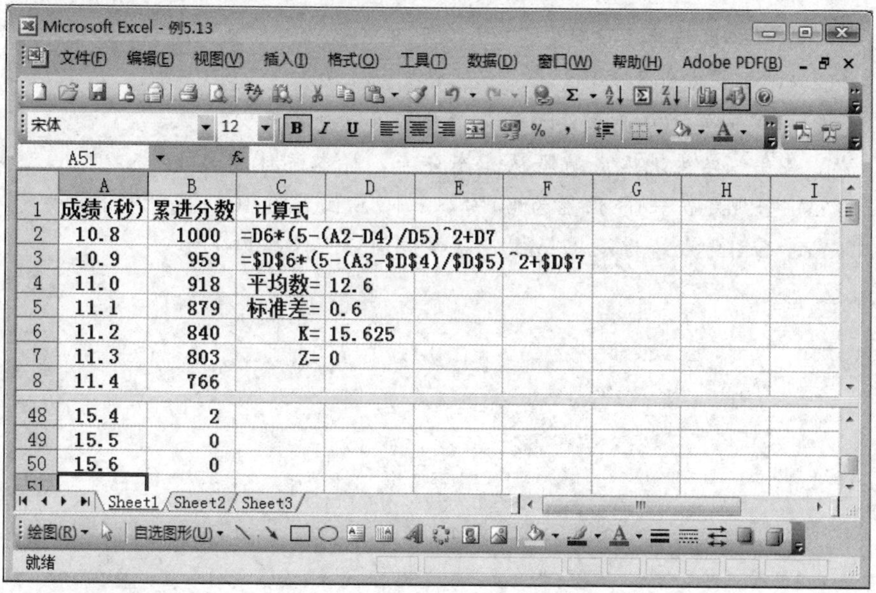

图 5.3 例 5.13 计算式及结果

3. 单击存放累进分数的单元格 C2（图 5.3）使其成为活动单元格，在单元格中输入：＝D6＊(5－(A2－D4)/D5)^2+D7，（"^"为数学符号"乘方"，如

2^、0.5^，则为 2^2、0.5^2）输入的计算式将在公式、函数、数值编辑区显示，然后按回车键，结果为 1000，即 10.8 s 的累进分数为 1000。如果计算其他相应成绩的累进分数时可采用单元格 B3（图 5.3）中输入：＝＄D＄6＊（5－（A3－＄D＄4）/＄D＄5）^2＋＄D＄7，（"＄"为绝对引用，其中＄C＄1 绝对列与绝对行；C＄1 相对列与绝对行；＄C1 绝对列与相对行，C1 则是相对列与相对行。）然后将光标移至单元格 B3 右下角的填充柄上，使光标变成"＋"字，向下填充至单元格 B50，完成累进评分数，将计算结果数据取整，最后结果如图5.3 中 B 列所示。

>>>>>>>>>>>>>>>>>>>>>>>>> 练习与思考 <<<<<<<<<<<<<<<<<<<<<<<<<

1. 什么是标准分数？

2. 标准分与累进评分的区别？

3. 某年级学生 100 m 跑服从正态分布。从中随机抽取部分学生测验，其统计量为 $\bar{x}=14.6$ s，$S=0.4$ s；如果在 $\bar{x}\pm2.5S$ 范围内进行标准百分评定，则

(1)100 分成绩为多少秒？

(2)60 分成绩为多少秒？

(3)如某同学 100 m 成绩为 14 s，其标准百分为多少？

4. 某年级学生跳远成绩服从正态分布，样本统计量为 $\bar{x}=5.20$ m，$S=0.40$ m。若规定 $\bar{x}-1S$ 位置为 60 分，$\bar{x}+3S$ 位置为 100 分。甲同学成绩为 5.64 m，乙同学成绩为 4.87 m，试按累进评分法计算其分数。

第六章 参数估计

本 章 概 要

本章着重介绍标准误、t 分布、t 值表的使用，以及如何对总体参数进行点估计和区间估计。

学习目标

通过本章的学习掌握参数估计的基本思想、标准误的概念、t 值表的使用；熟悉各种置信区间的建立方法；了解 Excel 软件处理参数估计的相关操作。

关键术语

抽样误差　标准误　t 分布

前面几章，介绍了数理统计的常用统计量，这些指标多是反映样本的数字特征。而统计学的目的是探索总体的数量规律性。其特点就是根据从总体中抽取的样本特征对总体进行分析和推断。即由样本来推断总体，或者由部分推断总体。主要包括两大类问题，一类是参数估计（estimation of parameter）；另一类是假设检验（hypothesis test），本章就参数估计问题进行讨论。

第一节　抽样误差

一、抽样误差概念

由于总体中的各个观察值间存在着个体变异，抽样研究时，随机抽取的样本只是总体中的部分个体，因而由样本计算的样本统计量往往不等于总体参数；即使以固定 n 从同一总体中随机抽取若干个样本时，因各样本包含的个体不同，所得的各个样本统计量也往往不相等。这种因抽样而造成的样本统计量与总体参数之间的偏差或各样本统计量之间的偏差称为抽样误差（sampling error）。

在抽样研究中，抽样误差是不可避免的，但能估计其大小。常用样本均数的标准误（standard error）反映均数抽样误差的大小；用率的标准误反映率的抽样误差的大小。

为便于理解抽样误差的概念，可通过下面的模拟实验说明。

已知某校 16 岁女生的身高分布服从以总体均数 $\mu = 155.4$ cm 为中心，总体标准差 $\sigma = 5.3$ cm 的正态分布。现用计算机做抽样模拟实验，每次随机抽出 10 个观察值（样本含量 $n = 10$），共抽取 100 个样本，求得 100 个样本均数 $\bar{x}$ 和标准差 S，并将 100 个样本均数列入表 6.1。

表 6.1　100 个样本均数

154.4	155.1	155.8	156.2	156.9	157.7	158.4	155.5	153.8	151.5
152.4	153.7	154.1	154.9	155.3	155.8	155.5	156.2	157.9	156.6
153.6	152.2	153.3	154.3	154.6	155.3	155.6	155.5	156.3	158.5
159.6	157.6	156.7	156.1	155.4	155.1	154.8	153.9	153.2	153.4
155.9	156.5	157.2	158.8	155.2	152.2	152.8	153.3	153.6	152.9
156.4	157.1	158.6	155.5	154.6	154.2	153.3	153.7	156.3	155.7
156.6	157.3	157.8	159.2	157.4	155.3	155.6	154.6	154.2	152.6
154.5	153.4	154.3	156.5	153.1	155.4	153.6	155.7	159.8	156.1
153.3	154.4	155.2	156.8	158.2	156.4	155.2	154.3	156.7	155.6
154.5	155.9	154.7	155.8	154.7	155.7	155.4	155.6	154.8	155.4

二、均数的抽样误差

如上所述，由于总体中观测值个体间存在变异，在抽样研究中抽样误差是不可避免的。若从均数为 μ 的正态总体中以固定 n 反复多次（比如 100 次）抽样时，所得的这些样本均数 $\bar{x}$ 往往各不相等，但样本均数 $\bar{x}$ 的分布存在一定规律。即当 $N(\mu, \sigma^2)$ 时，从该总体中抽取众多样本含量 n 的随机样本，得到的众多样本均数 $\bar{x}$ 仍服从正态分布（表 6.2）；即使是从偏态分布总体中抽样，只要 n 足够大，$\bar{x}$ 的分布也近似正态分布；样本均数的总体均数仍为 μ，样本均数的标准差为 $\sigma_{\bar{x}}$。

表 6.2　模拟实验的 100 个样本均数的频数分布（$\mu = 155.4$ cm，$\sigma = 5.3$ cm）

组段(cm)	频数	组段(cm)	频数
151~	1	156~	16
152~	6	157~	8
153~	15	158~	5
154~	19	159~	3
155~	27	合计	100

当总体标准差 σ 已知时，如果随机抽取的样本含量为 n，样本均数的标准差与总体标准差 σ 的大小成正比，而与样本含量 n 的平方根成反比。如果以 $\sigma_{\bar{x}}$ 表示标准误，即

$$\sigma_{\bar{x}} = \frac{\sigma}{\sqrt{n}} \tag{6.1}$$

但在实际工作中，往往 σ 难以获取，常常用样本的标准差 S 代表 σ。这样将样本统计量代入式（6.1）就得出 $\sigma_{\bar{x}}$ 的估计值，记为 $S_{\bar{x}}$，于是式（6.1）可改写成

$$S_{\bar{x}} = \frac{S}{\sqrt{n}} \tag{6.2}$$

例 6.1 某地随机抽取 150 名正常成年人脉搏均数为 73.53 次/分，标准差为 11.30 次/分，试估计其抽样误差。

解：因 $\bar{x}=73.53$ 次/分，$S=11.30$ 次/分，代入式（6.2）

$$S_{\bar{x}} = \frac{S}{\sqrt{n}} = \frac{11.30}{\sqrt{150}} = 0.92（次 / 分）$$

三、率的抽样误差

同理，若从总体率为 π 的总体中，随机抽取多个样本含量都为 n 的样本（比如 100 次）抽样时，所得的这些样本率 P 往往各不相等，样本率 P 与总体率 π 也往往不相等，这种由抽样造成的样本率与总体率之间的偏差称为率的抽样误差。

衡量率的抽样误差大小的指标是率的标准误 σ_P。σ_P 越小，表明率的抽样误差越小；σ_P 越大，表明率的抽样误差越大。

$$\sigma_P = \sqrt{\frac{\pi(1-\pi)}{n}} \tag{6.3}$$

实际工作中，由于 π 往往是未知的，可用样本率 P 作 π 的估计值，计算率的标准误 σ_P 的估计值 S_P。

$$S_P = \sqrt{\frac{P(1-P)}{n}} \tag{6.4}$$

由式（6.3）和式（6.4）可知，率的标准误与样本含量 n 的平方根成反比，即样本含量越大，率的抽样误差越小。

例 6.2 随机抽取某校 329 名学生，进行视力调查，结果表明恒牙龋齿患病率为 8.81%，求此次抽样中，恒牙龋齿患病率的抽样误差。

解：本例中，$n=329$，$P=8.81\%$，按式（6.4）

$$S_P = \sqrt{\frac{P(1-P)}{n}} = \sqrt{\frac{0.0881 \times (1-0.0881)}{329}} = 0.0156 = 1.56\%$$

即此次抽样中，恒牙龋齿患病率的抽样误差为 1.56%。

四、标准差与标准误之间的关系

标准差与标准误之间的关系：标准差与标准误是统计中常用的两个变异指标，它们之间既有区别又有联系。标准差用来度量观测值个体值之间变异或者波动程度的大小，标准差越大，说明观测值个体间变异程度或者波动程度越大，说明个体围绕均数分布较离散，代表性越差；而标准误是描述样本统计量抽样误差的大小，用以描述样本统计量与总体参数的接近程度。标准差和标准误均受样本含量大小的影响。若标准差固定不变，可通过增加样本含量来减小均数的标准误从而降低抽样误差。

第二节　t 分布

一、t 分布的概念

在第四章的正态分布中曾提到，若 $X \sim N(\mu, \sigma^2)$，即当随机变量 X 服从正态分布时，从该总体中随机抽取众多样本含量为 n 的样本，此时统计量 $u = \dfrac{\bar{x} - \mu}{\sigma/\sqrt{n}}$ 服从标准正态分布，即 $u = \dfrac{\bar{x} - \mu}{\sigma/\sqrt{n}} \sim N(0, 1)$。由于实际工作中，$\sigma$ 往往未知，常用 S 作为 σ 的估计值，此时统计量 $\dfrac{\bar{x} - \mu}{S/\sqrt{n}}$ 将不再服从标准正态分布，而服从于自由度为 $n-1$ 的 t 分布，如图 6.1 所示 t 分布（t-distribution）。

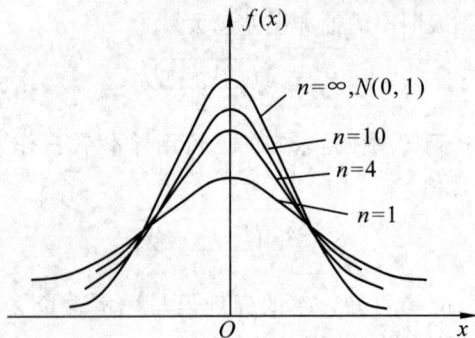

图 6.1　　不同自由度的 t 分布密度曲线

$$t = \frac{\bar{x} - \mu}{S_{\bar{x}}} = \frac{\bar{x} - \mu}{S/\sqrt{n}} \qquad n' = n - 1 \qquad (6.5)$$

式（6.5）中 n' 为自由度（degree of freedom, df），有的简写为 df 或者 ν，在

数学上指能够自由取值的变量个数。如 $X+Y+Z=18$，有三个变量，但能够自由取值的只有两个，故其自由度 n' 为 2。在统计学中自由度通常按如下公式计算

$$n'=n-m \tag{6.6}$$

式(6.6)中 n 为计算某一统计量时用到的数据个数，m 为计算该统计量时用到其他独立统计量的个数。如式(6.5)中统计量 t 的计算，用到的数据个数为 n，因 S 的计算也用到 $\bar{x}$，故用到其他独立统计量只有 $\bar{x}$ 一个，其自由度 $n'=n-1$。

二、t 分布的图形与特征

t 分布只有一个参数：自由度 n'。由图 6.1 可以看出 t 分布图是一簇曲线，当自由度 n' 不同时，曲线的形状不同。当 $n' \to \infty$ 时，t 分布趋近于标准正态分布，但当自由度 n' 较小时，与标准正态分布差异较大。

由图 6.1 可见，t 分布图有如下特征：

1. 单峰分布，以 0 为中心，左右对称；

2. 自由度 n' 越小，则 t 值越分散，t 分布的峰部越矮而尾部翘得越高；

3. 当 n' 逼近 ∞ 时，$S_{\bar{x}}$ 逼近 $\sigma_{\bar{x}}$ 时，t 分布逼近 u 分布，由此可见，标准正态分布是 t 分布的特例。

三、t 值表

同标准正态分布曲线一样，统计应用中最为关心的是 t 分布曲线下的面积（概率 P 或 α）与横轴 t 值间的关系。为使用方便，统计学家制作了不同自由度 n' 下 t 值与相应概率关系的 t 分布临界值表，见附表 2。

在 t 分布临界值表中，横标目为自由度 n'，纵标目为概率（P 或 α）。一侧尾部面积称为单侧概率或单尾概率(one-tailed probability)，两侧尾部面积之和称为双侧概率或双尾概率(two-tailed probability)，即附表 2 右上角图例中阴影部分。表中数字表示当 n' 和 α 确定时，对应的 t(临)界值(critical value)，其中与单尾概率相对应的 t 界值用 $t_{\alpha,n'}$ 表示，与双尾概率相对应的 t 界值用 $t_{\alpha/2,n'}$ 表示。由于 t 分布以 0 为中心左右对称，表中只列出了正 t 值，故查表时，不管 t 值正负均用绝对值查表得概率 P 值。

从附表 2 右上角图例及表中数字变化规律可看出：

1. 在相同自由度时，$|t|$ 值越大，概率 P 越小；

2. 在相同 $|t|$ 值时，同一自由度的双尾概率 P 为单尾概率 P 的两倍，如双尾 $t_{0.01/2,10}$ = 单尾 $t_{0.05,10}=1.812$。

第三节　参数的点估计

参数的点估计（point estimation），就是选定一个适当的样本统计量作为参数的估计量，并计算出估计值。设 θ 是总体 X 分布中的未知参数，$\hat{\theta} = \hat{\theta}(X_1, X_2, \cdots, X_n)$ 是用 X 的样本 $X_1, X_2, \cdots, X_n$ 构造的统计量，用 $\hat{\theta}$ 以观察值 $\hat{\theta} = \hat{\theta}(x_1, x_2, \cdots, x_n)$ 去估计未知参数 θ 的真值，称为参数 θ 的点估计；并称统计量 $\hat{\theta} = \hat{\theta}(X_1, X_2, \cdots, X_n)$ 为 θ 的估计量，$\hat{\theta}(x_1, x_2, \cdots, x_n)$ 为 θ 的一个估计值。

参数 θ 的点估计问题，就是寻找合适的估计量 $\hat{\theta}(X_1, X_2, \cdots, X_n)$ 的问题，如选样本均数作为总体均数的估计量，再由样本数据计算出样本均数的值，作为总体均数的估计值。点估计的常用方法有矩法和极大似然法。本节主要讨论用代替原则对总体均数、方差和率进行点估计。

一、总体平均值的点估计

我们在第三章中用 $\bar{x} = \dfrac{1}{n}\sum\limits_{i=1}^{n} x_i$ 作为样本的平均值。我们要问，用这样的平均值来代表总体平均值的估计是否合适？要回答这个问题，就必须研究，如果抽出无数个样本，那么，根据这个定义算出的样本平均值是否集中在总体平均值的周围，并且以总体平均值作为它们的平均值。如果能做到这一点，这样定义的平均值就是总体平均值的最佳估计。

由于 x_i 是随机变量，由它们作出的函数 $\bar{x} = \dfrac{1}{n}\sum\limits_{i=1}^{n} x_i$ 也是随机变量。为了简化符号，我们用 E 这个符号代表求总体的平均值。如样本容量 n 确定，n 就是个常数，所以，根据数学期望的性质

$$E_{\bar{x}} = E\left(\frac{\sum\limits_{i=1}^{n} x_i}{n}\right) = \frac{1}{n}E\sum_{i=1}^{n} x_i = \frac{1}{n}\sum_{i=1}^{n} Ex_i = \frac{1}{n}n\mu = \mu$$

如果用 D 表示总体的方差，根据方差的性质

$$D_{\bar{x}} = D\left(\frac{\sum\limits_{i=1}^{n} x_i}{n}\right) = \frac{1}{n^2}\sum_{i=1}^{n} Dx_i = \frac{1}{n^2} \cdot n\sigma^2 = \frac{\sigma^2}{n}$$

这说明，如果从正态分布中抽出无数容量样本 n，这些样本的平均值等于总体平均值，这些样本的平均值的方差等于总方差除以 n。综上，样本均数是

总体均数 μ 的一个最好估计量。

例如，某校随机抽取 800 名 14 岁学生参加了 100 m 跑测试，$\bar{x}=13.60$ s。由于 $\bar{x}$ 是总体均值的最佳估计量，则认为该校 14 岁男生的平均 100 m 跑估计值为 13.60 s。

二、总体方差的点估计

在第三章中我们用

$$S^2 = \frac{\sum_{i=1}^{n}(x_i - \bar{x})^2}{n} \text{ 和 } S^2 = \frac{\sum_{i=1}^{n}(x_i - \bar{x})^2}{n-1}$$

作为样本方差和修正方差的公式。指出在 n 较大时，两式算出来的结果相差不大。在实际应用中，用 S 来估计 σ 通常是令人满意的。

例如，某样本立定跳远的方差为 $S^2 = 6.5$ cm^2，则认为样本所属总体的方差估计值为 6.5 cm^2。如果样本容量足够大，用样本标准差 $S = \sqrt{6.5}$ cm 来估计总体的标准差为 2.55 cm。

三、率的点估计

作为率我们可以将其视为一处特殊的样本均数。因此，样本率 P 是总体率 π 的一个最佳估计量。

例如，在某校随机抽取 329 名学生进行视力调查，结果表明恒牙龋齿患病率为 8.81%，则认为该校学生的恒牙龋齿患病率的估计值为 8.81%。

第四节 区间估计

一、区间估计的定义

点估计仅给出了未知参数的一个近似值，必然存在误差，因此人们显然还需要进一步了解对未知参数所作估计的误差范围。用统计学的语言来说，就是还要了解在一定的可信度下，确定未知参数 θ 真值的某个可能范围，这就是参数的区间估计(interval estimation)。

设 θ 为总体分布的未知参数，若由样本确定的两个统计量 $\hat{\theta_1}$ 和 $\hat{\theta_2}$，对于给定的概率 α，满足

$$P\{\hat{\theta_1} < \theta < \hat{\theta_2}\} = 1 - \alpha \tag{6.7}$$

则称随机区间 $(\hat{\theta_1}, \hat{\theta_2})$ 是 θ 的置信度为 $1-\alpha$ 的置信区间(confidence interval)或称为置信概率；并称 $\hat{\theta_1}$ 和 $\hat{\theta_2}$ 分别为 θ 的置信下限和置信上限，α 称为显

著水平。

在作区间估计时，放宽区间会使置信概率增加，但区间宽度的增大会使估计的精确度降低，一般用区间长度的一半描述精确度，区间越短，精确度越高。

对于置信区间和置信度，可以用频率来说明。如果 $(\hat{\theta}_1，\hat{\theta}_2)$ 是置信度为 99％ 的置信区间从总体中反复进行抽样，可以得到 100 个样本，相应的计算会得到 100 个不尽相同的置信区间，有的包含真值 θ，有的并不包含 θ，包含 θ 出现的频率应在 99％ 附近波动。

进行区间估计时，步骤如下：

1. 根据抽样调查资料，计算样本统计量；

2. 计算抽样误差；

3. 根据置信度，查表求得统计量分布的临界值；

4. 计算区间范围。

二、单个正态总体均值和方差的区间估计

设总体 $X \sim N(\mu，\sigma^2)$，$x_1，x_2，\cdots，x_n$ 为 x 的容量为 n 的样本，$\bar{x}$ 和 S^2 分别为样本均值和样本方差。

（一）总体均值 μ 的区间估计

下面对总体方差已知和未知两种情况分别进行讨论。

1. 总体为正态分布，σ^2 已知

若总体服从正态分布 $N(\mu，\sigma^2)$，前面已讲过，其 $\bar{x}$ 的抽样分布也服从正态分布 $N(\mu，\sigma^2/n)$，抽样误差 $\sigma_{\bar{x}} = \dfrac{\sigma}{\sqrt{n}}$，化为标准的正态分布，

$$u = \frac{\bar{x} - \mu}{\sigma_{\bar{x}}} = \frac{\bar{x} - \mu}{\sigma / \sqrt{n}} \tag{6.8}$$

则 $u \sim N(0，1)$，对于给定的显著水平 α，查表可得双侧的临界值 u，此时有

$$P\left(-u_a \leqslant \frac{|\bar{x} - \mu|}{\sigma_{\bar{x}}} \leqslant u_\alpha\right) = 1 - \alpha$$

从而得

$$P(\bar{x} - u_a \sigma_{\bar{x}} \leqslant \mu \leqslant \bar{x} + u_a \sigma_{\bar{x}}) = 1 - \alpha \tag{6.9}$$

如图 6.2 所示。

则置信区间为 $(\bar{x} - u_a \sigma_{\bar{x}}，\bar{x} + u_a \sigma_{\bar{x}})$。

例 6.3 某校 160 名 16 岁男生 60 m 跑成绩的平均数为 8.76 s，标准差为

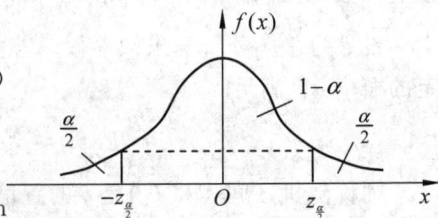

图 6.2 式(6.9)示意图

0.45 s。假设 60 m 跑成绩服从正态分布，试求总体均值 95％置信区间。

解：已知 $\sigma=0.45$ s，$\bar{x}=8.76$ s，$n=160$，抽样误差为

$$\sigma_{\bar{x}}=\frac{\sigma}{\sqrt{n}}=\frac{0.45}{\sqrt{160}}\approx 0.0356$$

当置信度为 95％时，α 查表得 $u_{0.05}=1.96$，则

$$\bar{x}+u_{\alpha}\sigma_{\bar{x}}=8.76+1.96\times 0.0356\approx 8.83$$

$$\bar{x}-u_{\alpha}\sigma_{\bar{x}}=8.76-1.96\times 0.0356\approx 8.69$$

所求 95％置信区间为(8.69，8.83)。

例 6.4 某市 100 名 10 岁男生立定跳远成绩的平均数为 165 cm，标准差为 20 cm。假设立定跳远成绩服从正态分布，试求总体均值 95％置信区间。

解：已知 $\sigma=20$ cm，$\bar{x}=165$ cm，$n=100$，抽样误差为

$$\sigma_{\bar{x}}=\frac{\sigma}{\sqrt{n}}=\frac{20}{\sqrt{100}}=2$$

当置信度为 95％时，α 查表得 $u_{0.05}=1.96$，则

$$\bar{x}+u_{\alpha}\sigma_{\bar{x}}=165+1.96\times 2\approx 169$$

$$\bar{x}-u_{\alpha}\sigma_{\bar{x}}=165-1.96\times 2\approx 161$$

所求 95％置信区间为(161，169)。

2. 总体为正态分布，σ^2 未知

当总体服从正态分布，σ^2 未知时，此时式(6.9)中的 σ 可用其估计量 S 代替，但不再服从标准正态分布，而是服从自由度为 $n-1$ 的 t 分布，随机变量

$$t=\frac{\bar{x}-\mu}{S_{\bar{x}}}=\frac{\bar{x}-\mu}{S/\sqrt{n}} \tag{6.10}$$

其中，$S_{\bar{x}}$ 是抽样误差的估计值，$S_{\bar{x}}=S/\sqrt{n}$。

因为我们本章第二节中提过，t 分布与正态分布相同是一种连续型的对称分布，当 $n<30$ 时，t 分布的离散程度比标准正态分布大，密度函数曲线较为平缓。当 $n>30$ 时，随着 n 的增大，分布便逐渐接近正态分布。

在给定的显著性水平 α 及自由度下，t 统计量的值可查附表中的 t 分布表。

总之，当总体为正态总体且 σ^2 未知时，不能用 u 统计量，只能以 t 统计量建立总体均值的置信区间，即

$$(\bar{x}-t_{\alpha(n')}S_{\bar{x}}，\bar{x}+t_{\alpha(n')}S_{\bar{x}}) \tag{6.11}$$

例 6.5 某年级 16 名女生立定跳远的成绩 $\bar{x}=164$ cm，$S=12$ cm，假设总体服从正态分布，试求该年级全体女生立定跳远成绩均值 95％的置信区间。

解：σ^2 未知，$\bar{x}=164$ cm，$S=12$ cm，$n=16$，

$$S_{\bar{x}}=\frac{S}{\sqrt{n}}=\frac{12}{\sqrt{16}}=3$$

$1-\alpha=0.95$，$\alpha=0.05$，自由度 $n'=n-1=16-1=15$，查 t 值表得 $t_{0.05(15)}=2.131$，得

$$\bar{x}+t_{\alpha(n')}S_{\bar{x}}=164+2.131\times3\approx170.4$$

$$\bar{x}-t_{\alpha(n')}S_{\bar{x}}=164-2.131\times3\approx157.6$$

所求置信区间为 $(157.6,170.4)$。

根据例 6.5 中的资料，当 $n=40$ 时，$S_{\bar{x}}=\dfrac{S}{\sqrt{n}}=\dfrac{12}{\sqrt{40}}=1.8974$，查 t 值表得 $t_{0.05(39)}=2.023$，$u_{0.05}=1.96$，

以此估计出的区间上限为

$$\bar{x}+t_{0.05(39)}S_{\bar{x}}=164+2.023\times1.8974=167.8384$$

$$\bar{x}+u_{0.05}S_{\bar{x}}=164+1.96\times1.8974=167.7189$$

由此发现二者的差别很小，所以当 $n>30$ 时，也可用 u 统计量代替 t 统计量进行区间估计。

（二）总体方差 σ^2 的区间估计

设正态总体的分布是 $N(\mu,\sigma^2)$，其中 μ 和 σ^2 均未知。从总体中任取一随机样本，数理统计已证明，随机变量

$$\chi^2=\frac{\sum(x-\bar{x})^2}{\sigma^2}=\frac{(n-1)S^2}{\sigma^2}\sim\chi^2(n-1) \qquad (6.12)$$

故对给定的置信度 $1-\alpha$，有

$$P\{\chi^2_{1-\alpha/2}(n-1))\leqslant\frac{(n-1)S^2}{\sigma^2}\leqslant\chi^2_{\alpha/2}(n-1)\}=1-\alpha \qquad (6.13)$$

$\chi^2(n-1)$ 的分布密度如图 6.3 所示。

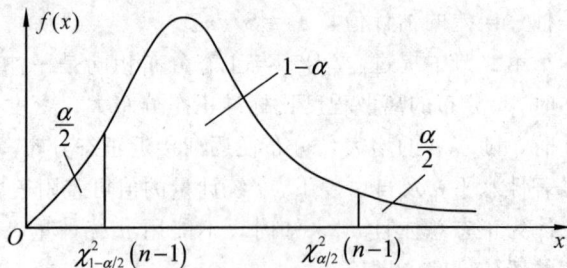

图 6.3　单一总体标准差检验区域图

由式（6.13）可得

$$P\left\{\frac{(n-1)S^2}{\chi^2_{\alpha/2}(n-1)}\leqslant\sigma\leqslant\frac{(n-1)S^2}{\chi^2_{1-\alpha/2}(n-1)}\right\}=1-\alpha$$

由此可知 σ^2 的置信度为 $1-\alpha$ 的置信区间为

$$\left(\frac{(n-1)S^2}{\chi_{\alpha/2}^2(n-1)}, \frac{(n-1)S^2}{\chi_{1-\alpha/2}^2(n-1)} \right)$$

例 6.6 某市 10 名 18～25 岁年龄段的城市成年男性的 10 m×4 往返跑成绩为 $\bar{x}=12.5$ s，$S=1.4$ s。假设 10 m×4 往返跑成绩服从正态分布，求该市 18～25 岁年龄段的城市成年男性的 10 m×4 往返跑成绩方差的置信度为 95％ 的置信区间。

解：已知 $\bar{x}=12.5s$，$S=1.4s$，$n=10$，$n'=n-1=10-1=9$，$\alpha/2=0.025$，$1-\alpha/2=0.975$

$(n-1)S^2=(10-1)\times1.4^2=17.64$

对 $\alpha=0.05$，查 χ^2 分布表得 $\chi_{0.025}^2(9)=19.023$，$\chi_{0.975}^2(9)=2.700$

由此求：

$$\sigma_L^2 = \frac{(n-1)S^2}{\chi_{\alpha/2}^2(n-1)} = \frac{17.64}{19.023} \approx 0.9273$$

$$\sigma_U^2 = \frac{(n-1)S^2}{\chi_{1-\alpha/2}^2(n-1)} = \frac{17.64}{2.700} \approx 6.5333$$

上面讨论的是正态总体方差的置信区间，如果要求总体标准差 σ 的置信区间，只要对 σ^2 的置信区间开平方即可。即

$$\sqrt{\sigma_L^2} = \sqrt{0.9273} \approx 0.96$$

$$\sqrt{\sigma_U^2} = \sqrt{6.5333} \approx 2.56$$

即 σ 的置信区间为（0.96，2.56）。

三、总体比率的区间估计

在实际研究过程中，除了总体均数和方差的估计外，常常还有估计总体属性或特征的单位所占的百分比（率），如合格率等。

在前边我们说明了可以将率视为一种特殊的样本均数。设总体的率为 π，样本率为 P，在大样本情况下，依据中心极限定理，P 近似服从正态分布，均值为 P，标准差为 $\sqrt{\frac{P(1-P)}{n}}$。可以得到置信度为 $1-\alpha$，总体率的置信区间计算式为

$$P \pm u_\alpha \sqrt{\frac{P(1-P)}{n}} \tag{6.14}$$

在对两总体率之差 $(\pi_1-\pi_2)$ 进行区间估计时，如果两样本均为大样本，则置信区间为

$$(P_1-P_2) \pm u_\alpha \sqrt{\frac{P_1(1-P_1)}{n_1} + \frac{P_2(1-P_2)}{n_2}} \tag{6.15}$$

例 6.7 一个有 400 人投票的样本表明有 380 人偏向于 6 号队员为最佳球员，求 P 的 95％置信区间估计比率。

解：由于 $n=400$，为大样本，根据 $\alpha=0.05$ 查正态分布表得 $u_\alpha=1.96$，代入式(6.14)

$$P-u_\alpha\sqrt{\frac{P(1-P)}{n}}=\frac{380}{400}-1.96\sqrt{\frac{\frac{380}{400}\times\left(1-\frac{380}{400}\right)}{400}}=0.93$$

$$P+u_\alpha\sqrt{\frac{P(1-P)}{n}}=\frac{380}{400}+1.96\sqrt{\frac{\frac{380}{400}\times\left(1-\frac{380}{400}\right)}{400}}=0.97$$

进而，我们求得 P 的 95％置信区间为 $(0.93,0.97)$。

例 6.8 苗族、布依族两民族各 100 名 15 岁男生在 2005 年学生体质监测视力不良检出率分别为 17％和 2％。求两民族同类男生全体视力不良检出率之差的置信度为 95％的置信区间。

解：$n_1=n_2=100$，$P_1=0.17$，$P_2=0.02$，根据 $\alpha=0.05$ 查正态分布表得 $u_\alpha=1.96$，代入式(6.15)

区间上限：

$$(P_1-P_2)+u_\alpha\sqrt{\frac{P_1(1-P_1)}{n_1}+\frac{P_2(1-P_2)}{n_2}}$$

$$=(0.17-0.02)+1.96\times\sqrt{\frac{0.17\times(1-0.17)}{100}+\frac{0.02(1-0.02)}{100}}=0.23$$

区间下限：

$$(P_1-P_2)-u_\alpha\sqrt{\frac{P_1(1-P_1)}{n_1}+\frac{P_2(1-P_2)}{n_2}}$$

$$=(0.17-0.02)-1.96\times\sqrt{\frac{0.17\times(1-0.17)}{100}+\frac{0.02(1-0.02)}{100}}=0.07$$

故 $\pi_1-\pi_2$ 的置信区间为 $(0.07,0.23)$。

四、两个总体均值之差的区间估计

在许多实际体育研究的过程中还需要考察两个正态总体的均值是否相等的问题。例如，在运动训练中，就需要了解在训练方法等改变后，运动成绩是否也发生了变化；又如，许多统计推断方法是以两个或多个正态总体的方差相同为前提条件的，在运用这些方法之前就需要判断这些正态总体是否是同方差的等。这类问题既可以用区间估计的方法，也可以用假设检验的方法加以解决。下面介绍用区间估计的方法比较两个正态总体均值的问题。

设总体 $X_1\sim N(\mu_1,\sigma_1^2)$，$X_2\sim N(\mu_2,\sigma_2^2)$，$X_1$、$X_2$ 和 S_1^2、S_2^2 分别为它们的样本均值和样本方差，n_1、n_2 分别为它们的样本容量，且总体 X_1 和 X_2

独立。

1. 两个总体为正态分布，σ_1^2、σ_2^2 已知

$$\bar{x}_1 - \bar{x}_2 \sim N(\mu_1 - \mu_2, \sigma_{\bar{x}_1 - \bar{x}_2}^2)$$

其中

$$\sigma_{\bar{x}_1 - \bar{x}_2}^2 = \frac{\sigma_1^2}{n_1} + \frac{\sigma_2^2}{n_2} \tag{6.16}$$

当置信度为 $1 - \alpha$，$\mu_1 - \mu_2$ 的置信区间为：

$(\bar{x}_1 - \bar{x}_2 - u_\alpha \sigma_{\bar{x}_1 - \bar{x}_2}, \ \bar{x}_1 - \bar{x}_2 + u_\alpha \sigma_{\bar{x}_1 - \bar{x}_2})$，在实际使用中 $\bar{x}_1 - \bar{x}_2$ 取绝对值。

例 6.9 某大学男生身高服从正态分布。从该大学 A、B 两学院随机抽取 $n_1 = 430$ 人、$n_2 = 438$ 人，统计结果为 $\bar{x}_1 = 167.5 \text{ cm}$，$\bar{x}_2 = 168.4 \text{ cm}$，若 $\sigma_1 = 5.80 \text{ cm}$、$\sigma_2 = 6.45 \text{ cm}$，求 $\mu_1 - \mu_2$ 的 95% 的置信区间。

解：$\sigma_{\bar{x}_1 - \bar{x}_2} = \sqrt{\dfrac{\sigma_1^2}{n_1} + \dfrac{\sigma_2^2}{n_2}} = \sqrt{\dfrac{5.80^2}{430} + \dfrac{6.45^2}{438}} = 0.42$

$1 - \alpha = 0.95$，$\alpha = 0.05$，查表得 $u_{0.05} = 1.96$

$\bar{x}_1 - \bar{x}_2 + u_\alpha \sigma_{\bar{x}_1 - \bar{x}_2} = |167.5 - 168.4| + 1.96 \times 0.42 = 1.72$

$\bar{x}_1 - \bar{x}_2 - u_\alpha \sigma_{\bar{x}_1 - \bar{x}_2} = |167.5 - 168.4| - 1.96 \times 1.28 = 0.08$

即 $\mu_1 - \mu_2$ 的置信区间为 (0.08，1.72)。

2. 两总体同方差 σ_1^2、σ_2^2 未知（小样本）

实际问题中大多数是这种情况，此时可以证明，随机变量

$$t = \frac{(\bar{x}_1 - \bar{x}_2) - (\mu_1 - \mu_2)}{S_{\bar{x}_1 - \bar{x}_2}} \tag{6.17}$$

其中

$$S_{\bar{x}_1 - \bar{x}_2} = \sqrt{\frac{(n_1 - 1)S_1^2 + (n_2 - 1)S_2^2}{n_1 + n_2 - 2}\left(\frac{1}{n_1} + \frac{1}{n_2}\right)} \tag{6.18}$$

t 服从自由度为 $n' = n_1 + n_2 - 2$ 的 t 分布，因此，$\mu_1 - \mu_2$ 的置信区间为：

$$(|\bar{x}_1 - \bar{x}_2| + t_{\alpha(n')}S_{\bar{x}_1 - \bar{x}_2}, \ |\bar{x}_1 - \bar{x}_2| - t_{\alpha(n')}S_{\bar{x}_1 - \bar{x}_2}) \tag{6.19}$$

例 6.10 甲、乙两组男生各 15 名纵跳成绩统计结果为 $\bar{x}_1 = 60 \text{ cm}$，$S_1 = 2.66 \text{ cm}$，$\bar{x}_2 = 57 \text{ cm}$，$S_2 = 1.54 \text{ cm}$，求两组总体均数之差 95% 的置信区间，假设 $\sigma_1^2 = \sigma_2^2$。

解：$\sigma_1^2 = \sigma_2^2$，σ_1^2 和 σ_2^2 未知，以 S_1^2 和 S_2^2 代替。

$$S_{\bar{x}_1 - \bar{x}_2} = \sqrt{\frac{(n_1 - 1)S_1^2 + (n_2 - 1)S_2^2}{n_1 + n_2 - 2}\left(\frac{1}{n_1} + \frac{1}{n_2}\right)}$$

$$S_{\bar{x}_1 - \bar{x}_2} = \sqrt{\frac{(15 - 1) \times 2.66^2 + (15 - 1) \times 1.54^2}{15 + 15 - 2} \times \left(\frac{1}{15} + \frac{1}{15}\right)} = 0.7936$$

自由度 $n' = n_1 + n_2 - 2 = 15 + 15 - 2 = 28$，$\alpha = 0.05$，查表得 $t_{0.05(28)} = 2.048$

$$|\overline{x}_1 - \overline{x}_2| + t_{a(n')}S_{\overline{x}_1 - \overline{x}_2} = |60 - 57| + 2.048 \times 0.7936 = 4.63$$
$$|\overline{x}_1 - \overline{x}_2| - t_{a(n')}S_{\overline{x}_1 - \overline{x}_2} = |60 - 57| - 2.048 \times 0.7936 = 1.37$$

甲、乙两组总体均数之差的 95% 的置信区间为（1.37，4.63）。

第五节　用 Excel 软件进行总体参数估计实例

当数据量很大时，手工做参数估计是非常烦琐的，可以 Excel 进行参数估计计算相应指标。

一、Excel 进行点估计

例 6.11　某年级有多个班，现我们要想知道每个班的健康男生的身高情况，因此我们随机挑选了一个班，抽出 10 名男生，其身高（cm）分别为 168.7，178.4，170.0，170.4，172.1，167.6，172.4，170.7，177.3，169.7；（光盘例 6.11）试估计该年级健康男生的平均身高。

操作步骤：

1. 输入数据（A2：A11），注意数据必须输在一列中；

2. 利用 Excel"工具"→"数据分析"→"描述统计"→"确定"；

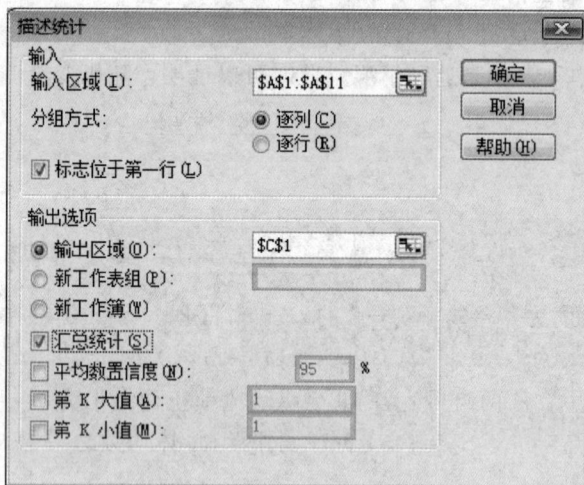

图 6.4　"描述统计"对话框

3. 系统打开描述统计对话框，如图 6.4 所示；

4. 如图 6.4 所示，选定数据的输入区域。本例中数据是按列输入的，故分组方式应选"逐列"（系统默认值）；选定"标志位于第一行"复选框，指明数据区域的第一行为说明文字；在"输出选项"中选"输出区域"，单击输出区域文本框后，选定输出区域的左上角单元格；再选定“汇总统计”复选框，单击“确定”，系统输出计算结果，如图 6.5 所示，平均身高的估计值为 171.7 cm，标准差为 3.5 cm。

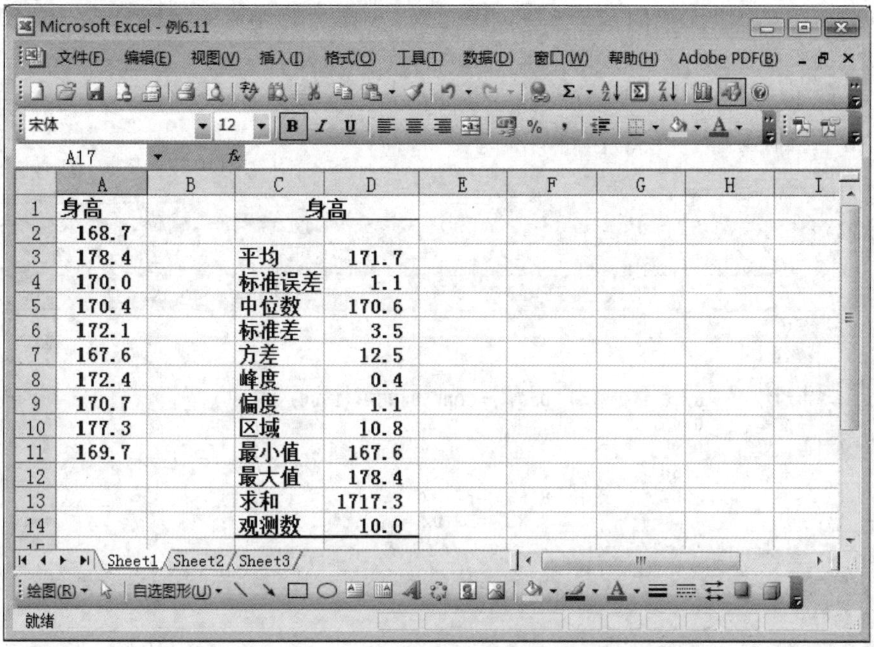

	A	B	C	D
1	身高		身高	
2	168.7			
3	178.4		平均	171.7
4	170.0		标准误差	1.1
5	170.4		中位数	170.6
6	172.1		标准差	3.5
7	167.6		方差	12.5
8	172.4		峰度	0.4
9	170.7		偏度	1.1
10	177.3		区域	10.8
11	169.7		最小值	167.6
12			最大值	178.4
13			求和	1717.3
14			观测数	10.0

图 6.5　描述统计的计算结果

二、Excel 进行总体均值 μ 的区间估计

(一)总体为正态分布，σ^2 已知的区间估计

当总体方差 σ^2 已知时，总体均值的区间估计公式(6.9)，在 Excel 中利用 CONFIDENCE 函数就可以非常方便地求解总体均值的区间。

CONFIDENCE 函数的语法规则如下：

格式：CONFIDENCE(alpha，standard_dev，size)

alpha：是用于计算置信度的显著水平参数。置信度等于 100 * (1 − alpha)%，亦即，如果 alpha 为 0.05，则置信度为 95%；

standard_dev：数据区域的总体标准偏差，假设为已知；

size：样本容量。

例 6.12　以例 6.3 数据为例(光盘例 6.12)，试用 Excel 求其置信度为 95%的置信区间。

操作步骤：

1. 输入数据（B2：B5），如图 6.6 所示；

2. 单击存放置信区间的单元格 D2 使其成为活动单元格，在单元格中输入：＝CONFIDENCE（（1－B4），B3，B5），输入的计算式将在公式、函数、数值编辑区显示，然后按回车键，结果为 0.07；

3. 该校 60 m 跑成绩的均值 95% 的可能性是在 [8.76－0.07，8.76＋0.07]，即（8.69，8.83）区间范围内。

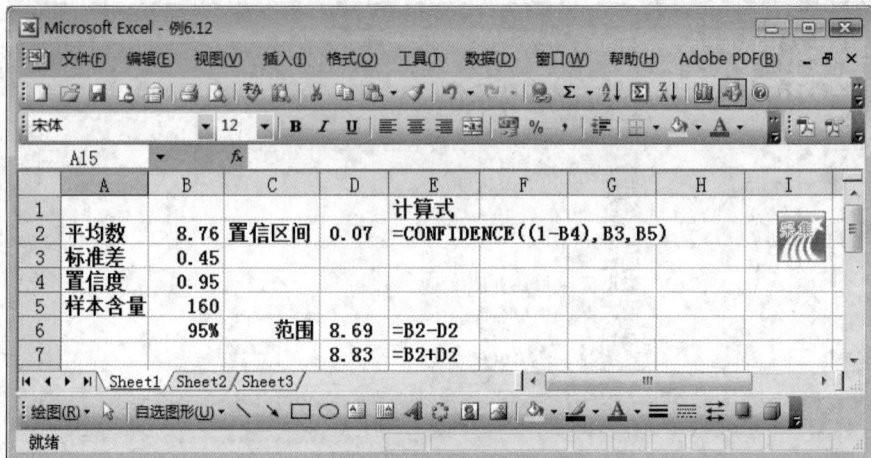

图 6.6　σ^2 已知的区间估计计算式及结果

（二）总体为正态分布，σ^2 未知的区间估计

当总体方差 σ^2 未知且为小样本时，总体均值的区间估计公式（6.11），在 Excel 中利用 TINV 函数就可以非常方便地求解其 t。

TINV 函数的语法规则如下：

格式：TINV(probability, degrees_freedom)

probability：为对应于双尾 t 分布的概率；

degrees_freedom：为分布的自由度。

例 6.13　以例 6.5 数据为例（光盘例 6.13），用 Excel 求解。

操作步骤：

1. 输入数据（B2：B5）；

2. 单击存放 1－α 的单元格 B6，输入：＝1－B4；单击存放自由度的单元格 B7，输入：＝B5－1；单击存放 t 值的单元格 E2，输入：＝TINV（B6，B7）；单击存放 $S_{\bar{x}}$ 值的单元格 E3，输入：＝E2＊B3/（B5^（1/2）），如图 6.7 所示；

3. 本例 95% 的置信区间为 (157.6, 170.4)。

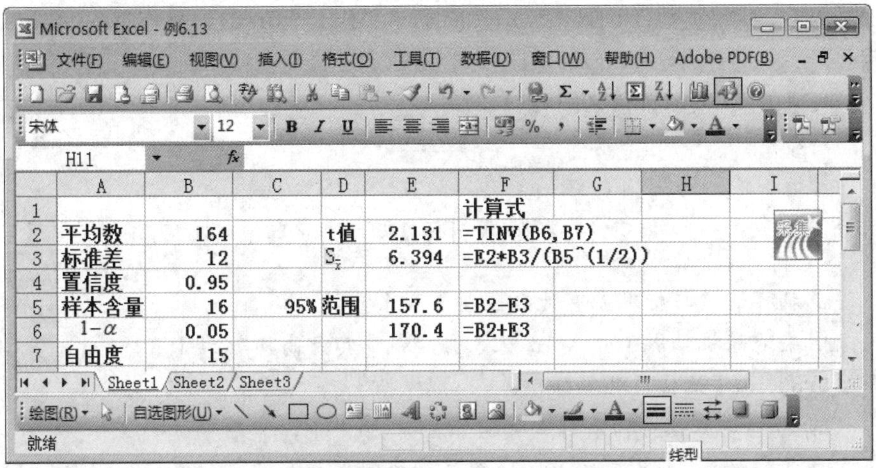

图 6.7 σ^2 未知的区间估计计算式及结果

三、两个总体均值之差的区间估计

如果两个总体方差 σ_1^2、σ_2^2 未知，但 $\sigma_1^2 = \sigma_2^2$，且为小样本时，总体均数之差的区间估计公式 (6.19)，在 Excel 中利用相关函数求解。

例 6.14 以例 6.10 数据为例（光盘例 6.14），用 Excel 求解。

操作步骤：

1. 输入数据 (B2：B8)；

2. 单击存放 $1-\alpha$ 的单元格 B6，输入：=1－B8；单击存放自由度的单元格 B7，输入：=B4＋B7－2；单击存放 t 值的单元格 E3，输入：=TINV

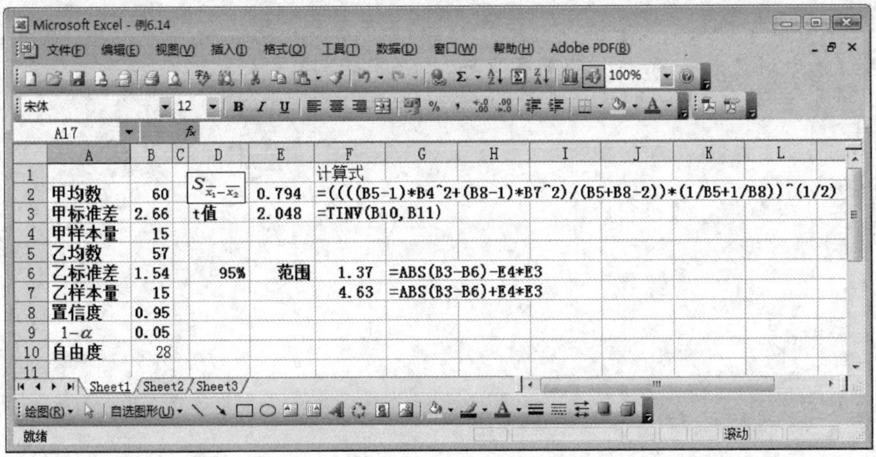

图 6.8 两个总体均值之差的区间估计计算式及结果

（B10，B11）；单击存放 $S_{\bar{x}}$ 值的单元格 E2，输入：＝（（（（B5－1）＊B4＾2＋
（B8－1）＊B7＾2）/（B5＋B8－2））＊（1/B5＋1/B8））＾（1/2），操作过程如图 6.8
所示；

　　3. 本例 95％的置信区间为（1.37，4.63）。

»»»»»»»»»»»»»»»»»»»»»» **练习与思考** «««««««««««««««««««««

　　1. 抽样误差与标准差有什么区别与联系？

　　2. 某地随机抽取 100 名 16 岁男生，测量其身高均数为 168.53 cm，标准
差为 6.30 cm。试估计其抽样误差。

　　3. t 分布与正态分布有什么异同点？

　　4. 某校抽查 34 名男生 100 m 跑成绩资料，已知平均数为 13.76 s，标准
差为 0.11 s。假设 100 m 跑成绩服从正态分布，试求该校男生 100 m 跑成绩
均值的 95％可信区间。

　　5. 某年级 228 名男生立定跳远成绩的 $\bar{x}=240$ cm，$S=13$ cm 假设总体服
从正态分布，试求该年级全体男生立定跳远成绩均值 95％的置信区间。

　　6. 某校抽查 40 人进行调查，结果发现有 37 名患有不同程度的近视，试
估计该校近视率的 99％的置信区间。

　　7. 已知立定跳远服从正态分布。从甲、乙两校随机抽取 $n_1=67$ 人、$n_2=$
69 人，统计结果为 $\bar{x}_1=245.8$ cm，$\bar{x}_2=257.5$ cm，若 $\sigma_1=9.80$ cm、$\sigma_2=$
11.67 cm，求 $\mu_1-\mu_2$ 的 99％的置信区间。

　　8. 甲、乙两组分别用不同的教学方法进行教学，学期末增长成绩统计结
果为 $\bar{x}_1=14$ 分，$S_1^2=3.66$ 分，$n_1=8$，$\bar{x}_2=8.5$ 分，$S_2^2=1.04$ 分，$n_2=8$，求
两组总体均数之差的 95％的置信区间，假设 $\sigma_1^2=\sigma_2^2$。

第七章　假设检验

本章概要

　　本章着重介绍了假设检验的意义、基本原理、基本思想；假设检验的两类错误；单、双侧检验；假设检验的步骤；常用的 t 检验，χ^2 检验和 F 检验的方法，以及 Excel 软件处理假设检验的相关操作。

学习目标

　　理解假设检验的概念及其基本思想，掌握假设检验方法在均数、标准差和率的差异显著性检验中的应用，熟悉 Excel 软件处理假设检验的相关操作。

关键术语

　　原假设　假设检验　单、双侧检验

　　体育教学、运动训练和科学研究中常常涉及各类数据的比较。由于抽样误差的存在，不能简单地根据样本统计量大小判断。假设检验（hypothesis test）是统计推断的另一类基本问题，其主要是利用小概率反证法思想，从问题的对立面出发间接判断这些差别是由于抽样误差造成还是由教学、训练处理方法不同而引起的。

第一节　假设检验的基本概念

一、假设检验的意义

　　在体育科研和实践中，经常会遇到样本统计量与总体参数之间或者两个样本统计量之间存在偏差的问题。如样本均数与总体均数之间存在偏差，两个样本均数之间存在偏差等。两种原因都可能导致这些偏差的出现。第一种原因，统计量与参数或者两个统计量之间的偏差是非本质的，即偏差是由于抽样误差造成的；第二种原因，统计量与参数或者两个统计量之间的偏差是由于试验因素和试验条件的改变而引起的，即偏差是由于条件误差造成的。假设检验就是先对总体做出某种假设，然后通过统计量的计算及概率计算，判定样本统计量与总体参数之间或者两个统计量之间的偏差，到底是由于条件误差造成的，还是由于抽样误差造成，从而对总体的特征做出科学推断的一种统计方法。下面以两个统计量之间存在偏差说明假设检验的基本原理。

二、假设检验的基本原理

进行假设检验时，经常要建立两个相对立的假设。即零假设（或称原假设，常用 H_0 表示）和备择假设（常用 H_1 表示）。零假设往往是假定统计量与参数之间或者统计量之间不存在本质性差别的假设；而备择假设是当无效假设被否定时自动生效的假设，它是原假设的对立面。

由于抽样误差的存在，对同一总体，随机抽取多个含量相等的样本，得到的众多样本均数和总体均数，或者样本均数之间往往存在偏差，但是这些样本来自同一总体。所以在进行假设检验时，往往先假定原假设 H_0 成立，即先假定两个样本统计量之间的偏差是由抽样误差造成，两个样本来自同一总体。根据这一假设，可以认为像这样一切可能样本统计量的值，应当分布在以总体参数值为中心形成的一个抽样分布上，如果随机样本统计量的值在这个分布上出现的概率较大，这时就接受 H_0，认定两个样本来自于同一个总体，而两个样本统计量之间的偏差是由于抽样误差造成的；反之，则推翻 H_0，接受 H_1，认定两个样本来自于两个不同总体，两个样本统计量之间存在本质性差别。

尽管假设检验的分类较多，但是假设检验的基本思想是带有概率性质的反证法思想，其依据是小概率事件原理，即在一次抽样或实验中，小概率事件是不可能发生的，拒绝在一次抽样或实验中发生了小概率事件的不合理的假设。

三、单、双侧检验

假设检验时，如将拒绝原假设 H_0 的拒绝域平均放在理论分布的两侧，称为双侧检验（two-sided test），如图 7.1 所示；如将拒绝原假设 H_0 的拒绝域放在理论分布的一侧（左侧或者右侧）称为单侧检验（one-sided test），如图 7.2、图 7.3 所示。

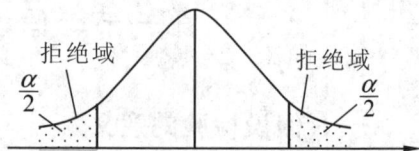

图 7.1 双侧检验示意图

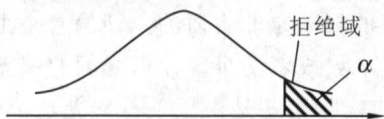

图 7.2 单侧检验示意图（右侧）

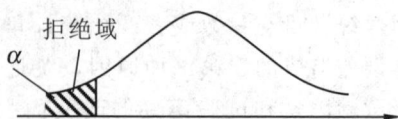

图 7.3 单侧检验示意图（左侧）

对于双侧检验和单侧检验，双侧检验的目的在于检验两个参数是否相等，如 $\mu=0$ 还是 $\mu\neq 0$，这时研究人员只关心两均数之间的绝对差别，而不关心差别的方向；如果研究人员根据理论分析或者实践经验可以预知某一参数不大于（或者不小于）某一参数，这时就要用单侧检验。

四、假设检验的基本步骤

假设检验的方法很多，但在进行检验时，一般包括以下 4 个步骤：

1. 根据实际情况建立"原假设" H_0 和"备择假设" H_1；

2. 根据已知条件，构造并计算统计量；

3. 根据确定的显著性水平 α，查表求相应的临界值；

建立假设后，要确定一个否定原假设 H_0 的概率标准，这个概率标准叫作显著性水平，记作 α，体育统计中 α 常取 0.05 或 0.01 两种显著性水平。

4. 判断并得出结论。

如果｜统计量｜＜临界值，则接受 H_0；

如果｜统计量｜≥临界值，则拒绝 H_0，接受 H_1。

五、假设检验中的两类错误

假设检验是根据小概率事件原理对总体特征进行推断。否定了 H_0，并不等于已证明 H_0 绝对不正确；接受了 H_0，也不等于已证明 H_0 是完全正确的。如果 H_0 是正确的，假设检验却否定了它，这时就犯了一个否定正确假设的错误，这类错误叫作第 I 类错误，或称弃真错误，或称为 α 错误；以单个样本均数假设检验为例，当 $\alpha=0.05$ 时，$\bar{x}$ 落在接受域的概率为 $1-\alpha=0.95$，而落在否定域的概率仅为 0.05，而当 $\bar{x}$ 一旦落在 0.95 的接受域之外，假设检验就会拒绝 H_0，接受 H_1，这样就会导致错误结论的得出。产生这类错误的概率很小，只有 0.05，而当 $\alpha=0.01$ 时，犯第 I 类错误的概率更小，只有 0.01。

如果 H_0 是错误的，假设检验时却接受了 H_0，否定了 H_1，这样就犯了第 II 类错误，或称为纳伪错误，或称为 β 错误。

在实际工作中，当样本含量固定时，要使犯两类错误的概率同时减小，是不可能的，如图 7.4 所示，当样本含量固定时，弃真错误 α 和纳伪错误 β 不可能同时减小，一个减小，另一个就会增大。要使它们同时减小，只有增加样本含量，减小抽样误差。表 7.1 概括了可能发生的两类错误。

表 7.1 可能发生的两类错误

客观实际	假设检验的结果	
	"拒绝"H_0	"接受"H_0
H_0 成立	I 类错误（α）	推断正确（$1-\alpha$）
H_0 不成立即 H_1 成立	推断正确（$1-\beta$）	II 类错误（β）

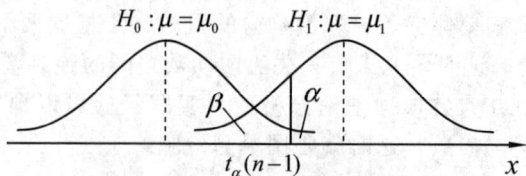

图 7.4　两类错误的关系

第二节　单个总体均数的假设检验

样本平均数与总体均数差异显著性检验，是推断某样本平均数 $\bar{x}$ 所属总体平均数 μ 是否与已知总体平均数 μ_0 相同与否，即 $\mu = \mu_0$ 的假设检验。

一、总体标准差 σ 已知时的单个均数假设检验

从一个总体均数为 μ，标准差为 σ 的正态总体中，随机抽取多个样本含量为 n 的样本，分别求出这些样本的样本平均数 $\bar{x}$，则 $\bar{x} \sim N\left(\mu, \dfrac{\sigma^2}{n}\right)$，即这些样本平均数服从以总体均数 μ 为中心，以 $\dfrac{\sigma^2}{n}$ 为方差的正态分布，而统计量 $u = \dfrac{\bar{x} - \mu}{\sigma/\sqrt{n}}$ 则服从标准正态分布。

此时进行假设检验是为了判定样本均数 $\bar{x}$ 对应的总体均数 μ，是否和已知总体均数 μ_0 相等。建立的原假设为 H_0：$\mu = \mu_0$，构造并计算的统计量为

$$u = \frac{\bar{x} - \mu_0}{\sigma/\sqrt{n}} \tag{7.1}$$

如进行双侧检验，对于选定的显著性水平 α，当 $\alpha = 0.05$ 时，查表可得双尾临界值分别为 -1.96 和 1.96，也就是说进行双侧检验时，H_0 的接受域为 $(-1.96，1.96)$，否定域为 $u \leqslant -1.96$，或者 $u \geqslant 1.96$。所计算的统计量 u 的值如果落在接受域内，则接受原假设 H_0；反之，则拒绝 H_0，接受 H_1。

例 7.1　根据医学统计，我国健康成年男子安静时的平均心率为 72 次/分，标准差为 6.3 次/分(光盘例 7.1)。现随机抽取某高校体育专业男生 49 人，测得他们安静时平均心率为 70 次/分，试问该高校体育专业男生心率与一般成年男子心率是否相等？($\alpha = 0.05$)

解：

1. 建立假设 H_0：$\mu = \mu_0 = 72$(该高校体育专业男子心率与一般男子相同)
H_1：$\mu \neq 72$。

2. 计算统计量 u。

$$u = \frac{\bar{x} - \mu_0}{\sigma/\sqrt{n}} = \frac{70 - 72}{6.3/\sqrt{49}} \approx -2.22$$

3. 取 $\alpha = 0.05$，查标准正态分布表（附表1）表得 $u_{0.05/2} = 1.96$。

4. 统计判断：因为 $|u| = 2.22 > u_{0.05/2} = 1.96$，所以拒绝无效假设 H_0，接受备择假设 H_1。

结论：该高校体育专业男子心率与我国一般成年男子心率差异具有显著性。

二、总体标准差 σ 未知时的单个均数假设检验

从一个总体均数为 μ，标准差为 σ 的正态总体中，抽取样本含量相等的多个样本，则得到的众多样本均数也服从正态分布，如果总体标准差 σ 已知，则统计量 $u = \frac{\bar{x} - \mu}{\sigma/\sqrt{n}}$ 服从标准正态分布。但在实际工作中，绝大多数情况下总体标准差 σ 是未知的，往往用样本标准差 S 代替总体标准差 σ，则此时进行单个均数假设检验的统计量为

$$t = \frac{\bar{x} - \mu_0}{S/\sqrt{n}} \tag{7.2}$$

即统计量 t 服从自由度为 $n-1$ 的 t 分布。

例7.2 某校高三年级男生立定跳远平均成绩为 226.50 cm，该年级某班36名男生立定跳远平均成绩为 228.5 cm，标准差为 10.34 cm（光盘例7.2），问该班男生立定跳远成绩是否优于全年级立定跳远成绩？（$\alpha = 0.05$）

解：

1. 建立假设 H_0：$\mu = \mu_0 = 226.50$（该班男生与全年级男生跳远成绩无差异）H_1：$\mu \neq 226.50$。

2. 计算统计量：$t = \frac{\bar{x} - \mu}{S/\sqrt{n}} = \frac{228.5 - 226.50}{10.34/\sqrt{36}} \approx 1.16$。

3. 取 $\alpha = 0.05$，查 t 值表（附表2），$n' = n - 1 = 36 - 1 = 35$，得 $t_{0.05/2}(35) = 2.030$。

4. 统计判断：因为 $t = 1.16 < t_{0.05/2}(35) = 2.030$，所以接受 H_0。

结论：该班男生立定跳远成绩与该年级男生立定跳远成绩差异不具有显著性。

三、用 Excel 软件进行单个总体均数假设检验实例

（一）总体标准差 σ 已知时的单个均数假设检验

u 检验法也称为 Z 检验，在 Excel 中利用函数 ZTEST 函数就可以非常方

便地求解。

ZTEST 函数的语法规则如下：

格式：ZTEST(array，μ_0，sigma)

array 为用来检验 μ_0 的数组或数据区域；

μ_0 为被检验的值；

sigma 为样本总体(已知)的标准差，如果省略，则使用样本标准差。

ZTEST 统计推断的依据(表 7.2)：

表 7.2　　ZTEST 函数统计推断参考表

单侧检验		双侧检验		P	结论
$\mu_0<\bar{x}$	$\mu_0>\bar{x}$	$\mu_0<\bar{x}$	$\mu_0>\bar{x}$		
$x>0.05$	$x<0.95$	$x>0.025$	$x<0.975$	>0.05	差异无显著意义
$x\leqslant0.05$	$x\geqslant0.95$	$x\leqslant0.025$	$x\geqslant0.975$	$\leqslant0.05$	差异具有显著意义
$x\leqslant0.01$	$x\geqslant0.99$	$x\leqslant0.005$	$x\geqslant0.995$	$\leqslant0.01$	差异具有非常显著意义

例 7.3　以例 7.1 数据为例(光盘例 7.3)，试用 Excel 求解。

操作步骤：

1. 输入原始数据(A2：A50，C3：C4)，如图 7.5 所示；

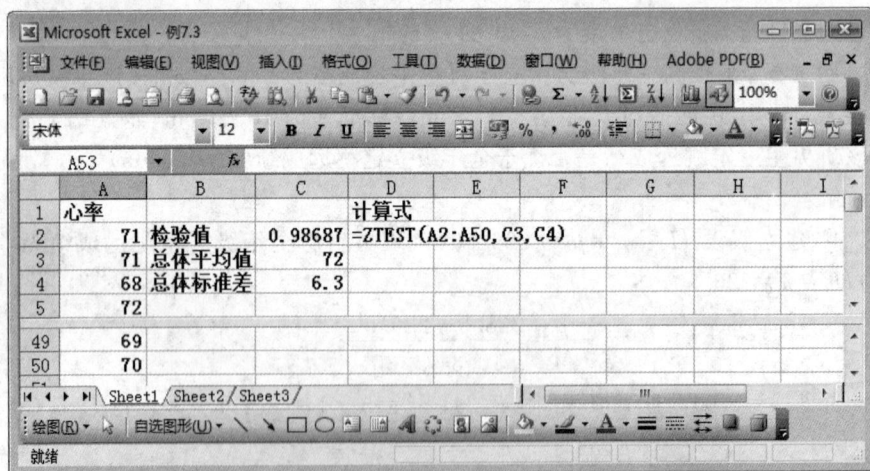

图 7.5　ZTEST 函数求解单个总体均数假设检验

2. 单击单元格 D2 使其成为活动单元格，在单元格中输入：＝ZTEST (A2：A50，C3，C4)，输入的计算式将在公式、函数、数值编辑区显示，然后按回车键，结果为 0.98687，如图 7.5 所示；

3. 结果判断：因是双侧检验，总体均数 $\mu_0>$ 样本均数 $\bar{x}$，并且 ZTEST＝

$0.98687 > 0.975$，查(参考表 7.2)得 $P < 0.05$，差异具有显著意义，拒绝原假设。该高校体育专业男生与健康成年男子安静时的平均心率不同。

(二)总体标准差 σ 未知时的单个均数假设检验

总体标准差 σ 未知时的单个均数假设检验，在 Excel 中利用 TDIST 函数就可以非常方便地求解。

TDIST 函数的语法规则如下：

TDIST(x，degrees_freedom，tails)

x 所需要计算分布的 t 值(绝对值)；

Degrees_freedom 为表示自由度 n'；

Tails 指明返回的分布函数是单尾分布还是双尾分布。如果 tails $= 1$，函数 TDIST 返回单尾分布。如果 tails $= 2$，函数 TDIST 返回双尾分布。

TDIST 统计推断的依据(表 7.3)：

表 7.3　TDIST 函数统计推断参考表

情况	结论
TDIST( ) > 0.05	差异无显著意义，接受原假设
TDIST( ) $\leqslant 0.05$	差异具有显著意义，拒绝原假设
TDIST( ) $\leqslant 0.01$	差异具有非常显著意义，拒绝原假设

例 7.4 以例 7.2 数据为例(光盘例 7.4)，试用 Excel 求解。

操作步骤：

1. 输入原始数据(A2：A37，C3)，如图 7.6 所示；

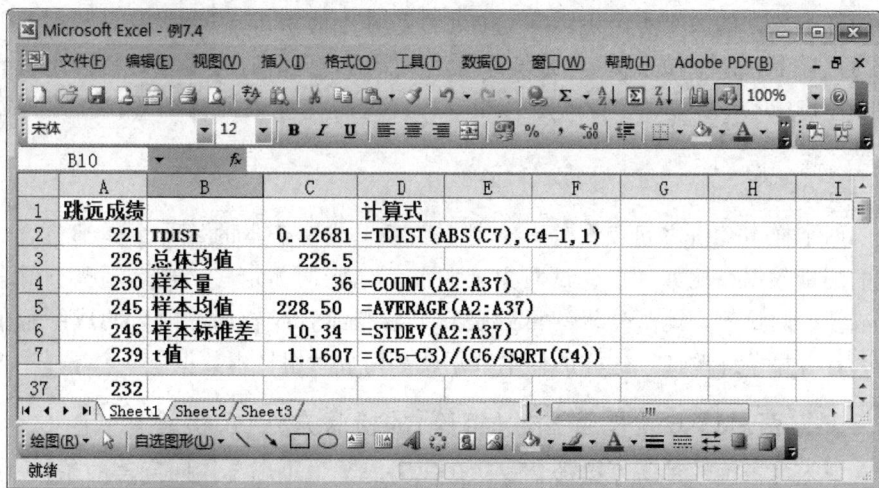

图 7.6　TDIST 函数求解总体标准差 σ 未知时的单个均数假设检验

2. 单击单元格 C4 使其成为活动单元格，在单元格中输入：＝COUNT（A2：A37），计算样本量；单击单元格 C5 使其成为活动单元格，在单元格中输入：＝AVERAGE(A2：A37)，计算样本均值；单击单元格 C6 使其成为活动单元格，在单元格中输入：＝STDEV(A2：A37)，计算标准差；单击单元格 C7 使其成为活动单元格，在单元格中输入：＝(C5－C3)/(C6/SQRT(C4))，计算 t 值；单击单元格 C2 使其成为活动单元格，在单元格中输入：＝TDIST(ABS(C7)，C4－1，1)，计算当 $|t|$ ＝1.1607，n'＝35 的单侧 t 分布的值，得 0.12681；

3. 结果判断：因 TDIST ＝0.12681＞0.05，查参考表(表 7.3)，差异无显著意义，接受原假设。该班男生立定跳远成绩与该年级男生跳远成绩差异不具有显著性。

第三节　两个总体均数的假设检验

一、独立组和成对组的分类

进行两个总体均数假设检验，往往想知道两组数据总体均值是否相同。两组样本数据，又可以分为两独立组和两成对组两种情况。所以在进行两个总体均数假设检验时，要首先区分是独立组还是成对组。

1. 两独立组

两组样本数据之间，没有什么本质的联系，一组样本数据的大小，对另一组样本数据的大小不产生影响。如北京市和上海市 17 岁男孩身高数据的两组随机样本，两个城市 17 岁男孩身高互不影响，此时进行检验的目的是看看两个城市 17 岁男孩平均身高是否相等，这类的样本数据就是两独立组样本数据。

2. 两成对组

两个样本个体之间存在着——对应关系，或者样本的每个个体都包含成对的测量数据，比如一批受试对象减肥前后体脂的测定、一批运动员训练前后成绩的测量等，此时分析的目的是判定减肥前后或者训练前后的成绩均值是否具有显著性改变，这样的样本数据就是两成对组样本数据。

二、两总体方差是否齐性(相等)的检验方法(F 检验)

因为许多统计推断方法都是建立在两个或多个正态总体同方差的条件下，在进行两独立均数假设检验，两总体方差齐性和两总体方差不齐性时，假设检验过程中所计算的统计量各不相同，所以进行两独立均数假设检验，应先进行两总体方差的齐性检验，即 F 检验。

F 检验的步骤：

1. 设总体 $X_1 \sim N(\mu_1, \sigma_1^2)$，$X_2 \sim N(\mu_2, \sigma_2^2)$，且 X_1、X_2 相互独立。S_1^2、S_2^2 和 n_1、n_2 分别为它们的样本方差和样本容量，建立假设

$$H_0: \sigma_1^2 = \sigma_2^2 \qquad H_1: \sigma_1^2 \neq \sigma_2^2$$

2. 选择并计算统计量的值：

$$F = \frac{S_1^2}{S_2^2} \tag{7.3}$$

3. 查表求临界值：

查表求 $F_{\alpha/2}(n'_1, n'_2)$，在实际工作中，为方便查表，规定以较大的样本方差作分子，较小的样本方差作分母，即 n_1 为方差较大的样本的自由度，n_2' 为方差较小的样本的自由度。

4. 比较并得出结论：

如果 $F < F_{\alpha/2}(n'_1, n'_2)$，则接受原假设 H_0，认为两总体方差齐性，反之则接受备择假设，认为两总体方差不齐性。

以上检验中因所用统计量服从 F 分布，所以常称为 F 检验。

例 7.5 甲、乙两种减肥方法对减轻体重（kg）效果如下（光盘例 7.5），试问甲、乙两种减肥方法减轻体重数据方差是否具有显著性差异。（$\alpha = 0.05$）这类检验称为"方差齐次检验"。

方法甲： 1.9　0.8　1.1　0.1　−0.1 4.4　5.5　1.6　4.6　3.4
方法乙： 0.7　−1.6　−0.2　−1.2　−0.1 3.4　3.7　0.8　0.0　2.0

解：由数据得 $S_1^2 = 2.002^2$，$S_2^2 = 1.789^2$，$n_1 = n_2 = 10$

$$F = \frac{S_1^2}{S_2^2} = \frac{2.002^2}{1.789^2} = 1.25$$

$\alpha = 0.05$，查（附表 3）方差齐性检验 F 值表，$n_1' = n_2' = 9$，得到 $F_{0.05/2}(9, 9) = 4.03$，$F = 1.25 < F_{0.05/2}(9, 9) = 4.03$，接受原假设 H_0，认为甲、乙两种减肥方法减轻体重数据的方差齐同。

三、两独立组均数的假设检验

以下设总体 $X_1 \sim N(\mu_1, \sigma_1^2)$，$X_2 \sim N(\mu_2, \sigma_2^2)$，且 X_1、X_2 相互独立。$\bar{x}_1$、$\bar{x}_2$ 和 S_1^2、S_2^2 分别为它们的样本均值和样本方差，n_1、n_2 分别为它们的样本容量。

（一）两总体方差齐性但未知（t 检验）

检验步骤：

1. 建立假设：

$$H_0: \mu_1 = \mu_2; \quad H_1: \mu_1 \neq \mu_2$$

2. 选择并计算统计量：

$$t = \frac{(\bar{x}_1 - \bar{x}_2) - (\mu_1 - \mu_2)}{\sqrt{\frac{(n_1-1)S_1^2 + (n_2-1)S_2^2}{n_1 + n_2 - 2}\left(\frac{1}{n_1} + \frac{1}{n_2}\right)}} \sim t(n_1 + n_2 - 2) \quad (7.4)$$

3. 根据 α 查表求临界值 $t_{\alpha/2}(n_1 + n_2 - 2)$。

4. 比较并得出结论：

如果 $|t| < t_{\alpha/2}(n_1 + n_2 - 2)$ 接受 H_0，反之接受 H_1。

需要说明的是，式(7.4)的分子为 $(\bar{x}_1 - \bar{x}_2) - (\mu_1 - \mu_2)$，进行假设检验，往往是在假设 $H_0: \mu_1 = \mu_2$ 成立的前提下进行检验，H_0 成立意味着 $\mu_1 = \mu_2$，即 $\mu_1 - \mu_2 = 0$，故在假设检验时，经常将式(7.4)简化为以下公式：

$$t = \frac{\bar{x}_1 - \bar{x}_2}{\sqrt{\frac{(n_1-1)S_1^2 + (n_2-1)S_2^2}{n_1 + n_2 - 2}\left(\frac{1}{n_1} + \frac{1}{n_2}\right)}} \quad (7.5)$$

例 7.6 随机抽取某高校体育专业大一、大二男生各 20 名，测得大一男生标枪平均成绩 $\bar{x}_{大一} = 40.35$ m，$S_{大一} = 2.52$ m，$\bar{x}_{大二} = 42.49$ m，$S_{大二} = 2.92$ m(光盘例 7.6)，试问该高校体育专业大一、大二男生标枪成绩差异是否具有显著性？($\alpha = 0.05$)

解：本例属于两独立均数假设检验，先检验两总体方差是否齐性

$$H_0: \sigma_{大一}^2 = \sigma_{大二}^2; \quad H_1: \sigma_{大一}^2 \neq \sigma_{大二}^2$$

$$F = \frac{S_{大二}^2}{S_{大一}^2} = \frac{2.92^2}{2.52^2} \approx 1.34$$

$\alpha = 0.05$，查方差齐性用表(附表 3)得 $F_{0.05/2}(19, 19) = 2.51$，因 $F = 1.34 < F_{0.05/2} = 2.51$，所以接受 H_0，可以认为两总体方差齐性。此时应进行两独立均数 t 检验

$$H_0: \mu_{大一} = \mu_{大二}; \quad H_1: \mu_{大一} \neq \mu_{大二}$$

$$t = \frac{\bar{x}_{大一} - \bar{x}_{大二}}{\sqrt{\frac{(n_{大一}-1) \times S_{大一}^2 + (n_{大二}-1) \times S_{大二}^2}{n_{大一} + n_{大二} - 2}\left(\frac{1}{n_{大一}} + \frac{1}{n_{大二}}\right)}}$$

$$= \frac{40.35 - 42.49}{\sqrt{\frac{(20-1) \times 2.52^2 + (20-1) \times 2.92^2}{20 + 20 - 2} \times \left(\frac{1}{20} + \frac{1}{20}\right)}} \approx -2.48$$

$\alpha = 0.05$，查 t 分布表(附表 2)得 $t_{\alpha/2}(38) = 2.024$

因 $|t| = 2.48 > t_{\alpha/2} = 2.024$，所以拒绝 H_0，接受 H_1，认为该高校体育专业大一男生和大二男生标枪成绩之间的差异具有显著性。

（二）两总体方差不齐性时（t'检验）

检验步骤：

1. H_0：$\mu_1 = \mu_2$；H_1：$\mu_1 \neq \mu_2$。

2. 选择并计算统计量：

$$t' = \frac{(\overline{x}_1 - \overline{x}_2) - (\mu_1 - \mu_2)}{\sqrt{\dfrac{S_1^2}{n_1} + \dfrac{S_2^2}{n_2}}} \tag{7.6}$$

3. 根据 α 查表求双侧临界值 $t_{\alpha/2}(n_1-1)$、$t_{\alpha/2}(n_2-1)$，代入公式求修正临界值 $t'_{\alpha/2}$ 的值：

$$t'_{\alpha/2} = \frac{\dfrac{S_1^2}{n_1} \cdot t_{\alpha/2}(n_1-1) + \dfrac{S_2^2}{n_2} \cdot t_{\alpha/2}(n_2-1)}{\dfrac{S_1^2}{n_1} + \dfrac{S_2^2}{n_2}}$$

4. 比较并得出结论：

如果 $|t'| < t'_{\alpha/2}$，接受 H_0，反之接受 H_1。

需要说明的是，式(7.6)的分子为 $(\overline{x}_1 - \overline{x}_2) - (\mu_1 - \mu_2)$，进行假设检验，往往是在假设 H_0：$\mu_1 = \mu_2$ 成立的前提下进行检验，H_0 成立意味着 $\mu_1 = \mu_2$，即 $\mu_1 - \mu_2 = 0$，故在假设检验时，经常将式(7.6)简化为以下公式：

$$t' = \frac{\overline{x}_1 - \overline{x}_2}{\sqrt{\dfrac{S_1^2}{n_1} + \dfrac{S_2^2}{n_2}}} \tag{7.7}$$

例7.7 某高校体质达标测试中，随机抽普通院系大一、大二年级男生各30人，测得他们立定跳远平均成绩分别为 $\overline{x}_1 = 2.24$ m，$S_1 = 0.11$ m，$\overline{x}_2 = 2.28$ m，$S_2 = 0.18$ m（光盘例7.7），试问该高校普通院系大一、大二男生立定跳远成绩差异是否具有显著性？（$\alpha = 0.05$）

解： 先进行两总体方差齐性检验

H_0：$\sigma_1^2 = \sigma_2^2$；H_1：$\sigma_1^2 \neq \sigma_2^2$

$$F = \frac{S_2^2}{S_1^2} = \frac{0.18^2}{0.17^2} \approx 2.68$$

$\alpha = 0.05$，查方差齐性用表（附表3）得 $F_{0.05/2}(29, 29) = 2.09$，因 $F = 2.68 > F_{0.05/2} = 2.09$，所以拒绝 H_0，接受 H_1，可以认为两总体方差不齐性。此时应进行两独立均数 t' 检验

H_0：$\mu_1 = \mu_2$；H_1：$\mu_1 \neq \mu_2$

$$t' = \frac{\overline{x}_1 - \overline{x}_2}{\sqrt{\dfrac{S_1^2}{n_1} + \dfrac{S_2^2}{n_2}}} = \frac{2.24 - 2.28}{\sqrt{\dfrac{0.11^2}{30} + \dfrac{0.18^2}{30}}} \approx -1.04$$

$\alpha = 0.05$，查 t 分布表（附表 2）得 $t_{a/2}(29) = 2.045$，则

$$t'_{a/2} = \frac{\dfrac{S_1^2}{n_1} \cdot t_{a/2}(n_1-1) + \dfrac{S_2^2}{n_2} \cdot t_{a/2}(n_2-1)}{\dfrac{S_1^2}{n_1} + \dfrac{S_2^2}{n_2}} = \frac{\dfrac{0.11^2}{30} \times 2.045 + \dfrac{0.18^2}{30} \times 2.045}{\dfrac{0.11^2}{30} + \dfrac{0.18^2}{30}}$$

$$= 2.045$$

因 $|t'| = 1.04 < t'_{a/2} = 2.045$，所以接受 H_0，认为该高校普通院系大一男生和大二男生立定跳远成绩之间的差异不具有显著性。

四、两成对组均数的假设检验

两成对组均数假设检验步骤和两独立组均数假设检验类似，但是所计算的统计量有所区别，两成对均数假设检验步骤为：

$H_0: \mu_d = \mu_1 - \mu_2 = 0$ $H_1: \mu_d \neq 0$

选择并计算统计量

$$t = \frac{(\bar{d} - \mu_d)}{S_d / \sqrt{n}} \tag{7.8}$$

根据 α，查 t 分布表可得临界值 $t_{a/2}(n-1)$。

比较并得出结论，如果 $|t| < t_{a/2}(n-1)$，接受 H_0；如果 $|t| \geqslant t_{a/2}(n-1)$，则接受 H_1。

式（7.8）中，d 为样本观测值的差值，样本观测值差值的平均数 $\bar{d} = \dfrac{\sum d}{n}$；

样本观测值差值的标准差 $S_d = \sqrt{\dfrac{\sum d^2 - (\sum d)^2 / n}{n-1}}$。

需要说明的是，在进行检验时往往假定 $H_0: \mu_d = \mu_1 - \mu_2 = 0$ 成立，所以

$t = \dfrac{(\bar{d} - \mu_d)}{S_d / \sqrt{n}}$ 在实际检验中常简化为

$$t = \frac{\bar{d}}{S_d / \sqrt{n}} \tag{7.9}$$

例 7.8 某减肥训练 2 个月的人群中，随机抽取 15 人，测得他们减肥前后的体重（kg）如下：（光盘例 7.8）

减肥前：65.2   67.0   70.3   68.5   64.3   65.6   72.8   64.3
       73.1   68.2   74.2   66.0   71.1   70.8   68.3

减肥后：63.1   66.5   71.0   67.3   65.2   62.3   71.8   62.0
       70.9   65.4   72.1   66.3   69.2   68.0   65.4

试问参加该减肥训练人群训练前后体重有无显著性变化？（$\alpha = 0.05$）

解：列表计算得 $\sum d = 23.2$，$\sum d^2 = 61.62$，$\bar{d} = \dfrac{\sum d}{n} = \dfrac{23.2}{15} \approx 1.55$，

$$S_d = \sqrt{\frac{\sum d^2 - \left(\sum d\right)^2/n}{n-1}} = \sqrt{\frac{61.62 - 23.2^2/15}{15-1}} \approx 1.36$$

表 7.4　例 7.8 的 d 分析表

编号	减肥前 x_1(kg)	减肥后 x_2(kg)	$d = x_1 - x_2$	d^2
1	65.2	63.1	2.1	4.41
2	67.0	66.5	0.5	0.25
3	70.3	71.0	−0.7	0.49
4	68.5	67.3	1.2	1.44
5	64.3	65.2	−0.9	0.81
6	65.6	62.3	3.3	10.89
7	72.8	71.8	1.0	1.00
8	64.3	62.0	2.3	5.29
9	73.1	70.9	2.2	4.84
10	68.2	65.4	2.8	7.84
11	74.2	72.1	2.1	4.41
12	66.0	66.3	−0.3	0.09
13	71.1	69.2	1.9	3.61
14	70.8	68.0	2.8	7.84
15	68.3	65.4	2.9	8.41
Σ			23.2	61.62

$H_0 : \mu_d = 0$　　　$H_1 : \mu_d \neq 0$

$$t = \frac{\bar{d}}{S_d/\sqrt{n}} = \frac{1.55}{1.36/\sqrt{15}} \approx 4.41$$

$\alpha = 0.05$，查 t 分布表（附表 2）得 $t_{\alpha/2}(14) = 2.145$

因 $|t| = 4.41 > t_{\alpha/2} = 2.145$，所以拒绝 H_0，接受 H_1，认为参加该减肥训练人群训练前后体重具有显著性变化。

五、两个总体均数假设检验 Excel 实例分析

（一）用 Excel 进行两总体方差的检验

例 7.9　以例 7.5 为例（光盘例 7.9）用 Excel 进行两总体方差的检验。

操作步骤：

1. 输入数据（A2：B11），如图 7.8 左侧所示；

2. 利用 Excel"工具"→"数据分析"→"F 检验：双样本方差"→"确定"；

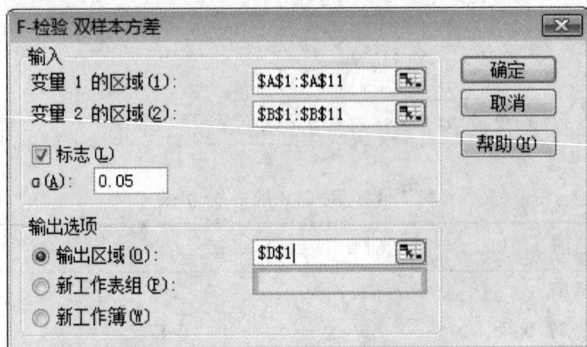

图 7.7　两样本方差齐性检验对话框

3. 系统打开"F 检验：双样本方差"对话框，如图 7.7 所示。单击"确定"按钮，获得的齐性检验结果如图 7.8 右侧所示。本例方差齐性检验 F 值为 1.2526，P 值为 $0.37136 >$ 接受原假设 H_0，认为甲、乙两种减肥方法减轻体重数据的方差齐同。

图 7.8　总体方差齐性检验的原始数据与检验结果

（二）用 Excel 数据分析功能检验两独立组总体的均值

1. 两总体方差齐性但未知（t 检验）

例 7.10　以例 7.6 为例（光盘例 7.10）用 Excel 进行两总体方差齐性但未知的检验。

操作步骤：

1. 输入数据(B3：C22)；如图 7.10 左侧所示；

2. 利用 Excel"工具"→"数据分析"→"t-检验：双样本等方差假设"→"确定"；

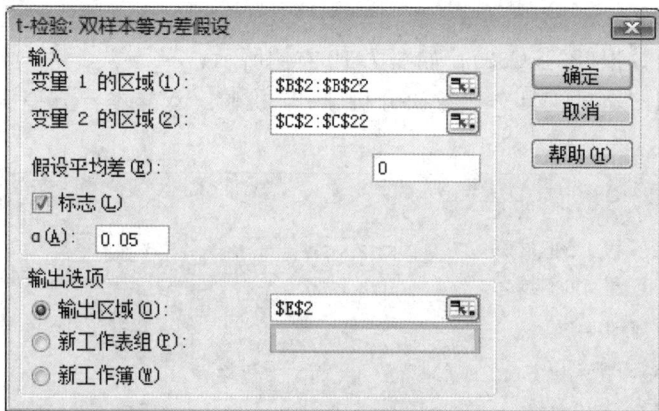

图 7.9　两样本总体方差齐同的 t 检验对话框

3. 系统打开"t-检验：双样本等方差假设"对话框，如图 7.9 所示。单击"确定"按钮，获得 t 检验结果如图 7.10 右侧所示。t 值为 2.47836，自由度为 38，对应的双侧 P 值为 0.01776＜0.05，故拒绝原假设 H_0，认为该高校体育专业大一男生和大二男生标枪成绩之间的差异具有显著性。

图 7.10　两样本总体方差齐同的原始数据与 t 检验结果

2. 两总体方差不齐性时(t'检验)

例 7.11 以例 7.7 为例(光盘例 7.11)用 Excel 进行两总体方差不齐性时的检验。

操作步骤：

1. 输入数据(B3：C32)；如图 7.12 左侧所示；

2. 利用 Excel"工具"→"数据分析"→"t-检验：双样本异方差假设"→"确定"；

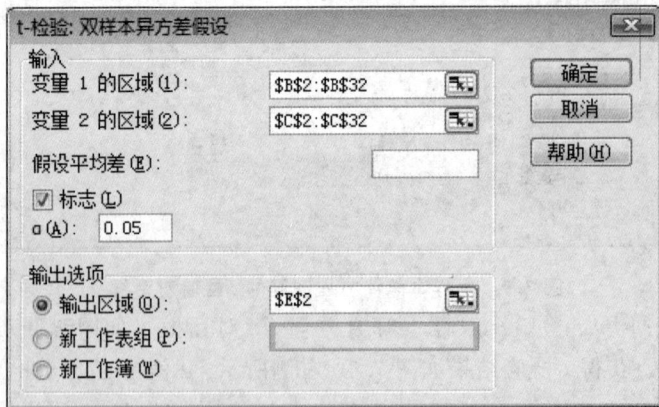

图 7.11 两样本总体方差不齐时的 t 检验对话框

3. 系统打开"t-检验：双样本异方差假设"对话框，如图 7.11 所示。单击"确定"按钮，获得 t 检验结果如图 7.12 右侧所示。t 值为 1.03942，自由度为 49，对应的双侧 P 值为 0.30371 > 0.05，故接受 H_0，认为该高校普通院系大一男生和大二男生立定跳远成绩之间的差异不具有显著性。

（三）用 Excel 数据分析功能检验两成对均值

例 7.12 以例 7.8 为例(光盘例 7.12)用 Excel 进行两成对组均数的假设检验。

操作步骤：

1. 输入数据(B2：C16)；如图 7.14 左侧所示；

2. 利用 Excel"工具"→"数据分析"→"t-检验：平均值的成对二样本分析"→"确定"；

3. 系统打开"t-检验：平均值的成对二样本分析"对话框，如图 7.13 所示。单击"确定"按钮，获得 t 检验结果如图 7.14 右侧所示。t 值为 4.417989，单侧 P 值为 0.000292 < 0.05，故拒绝原假设 H_0，接受 H_1，认为参加该减肥训练人群训练前后体重具有显著性变化。

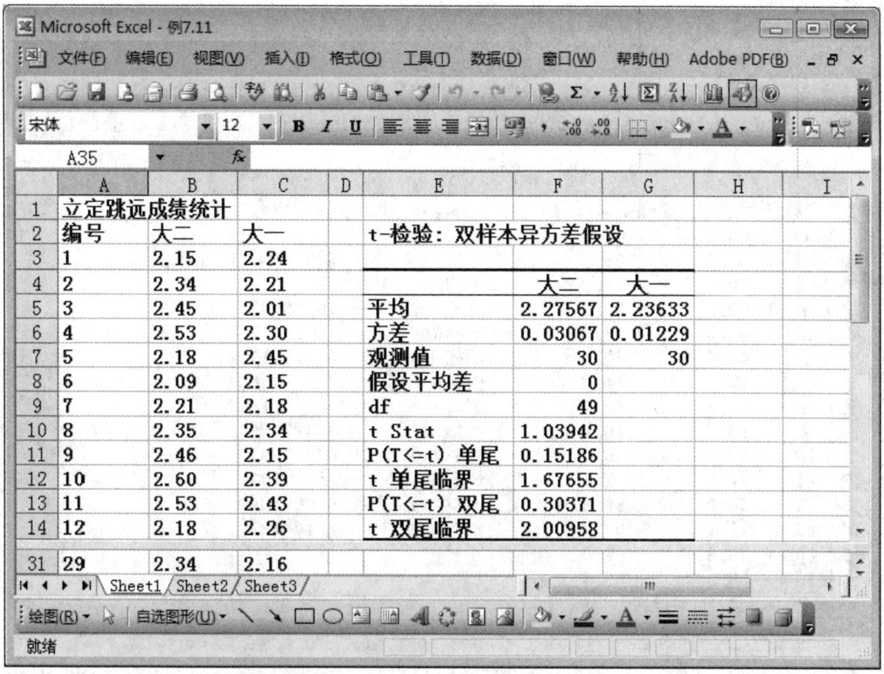

图 7.12　两样本总体方差不齐同时的原始数据与 t 检验结果

图 7.13　两成对样本的 t 检验对话框

第

七

章

＼

假

设

检

验

99

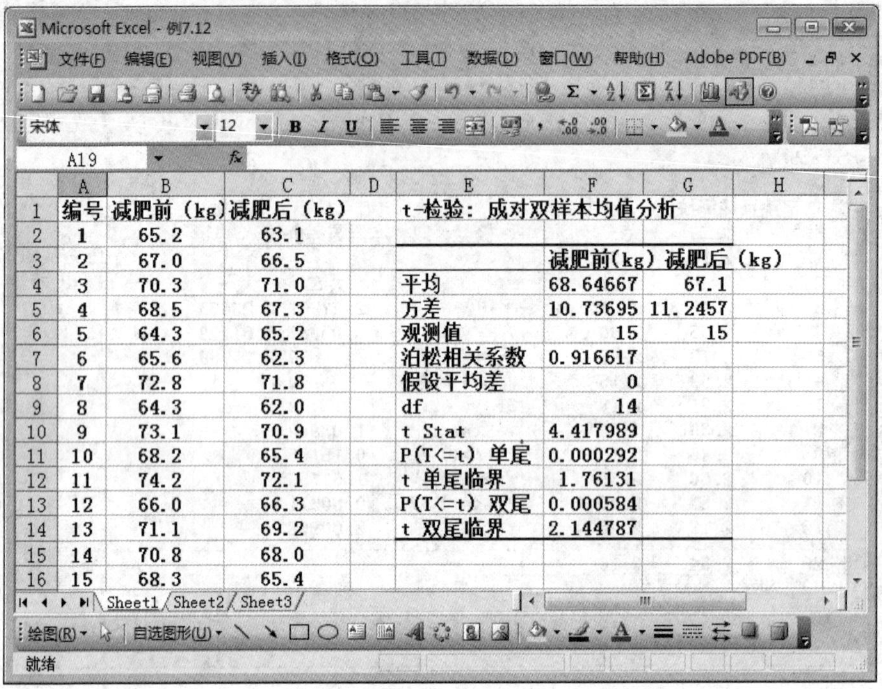

	A	B	C	D	E	F	G
1	编号	减肥前（kg）	减肥后（kg）		t-检验：成对双样本均值分析		
2	1	65.2	63.1				
3	2	67.0	66.5			减肥前(kg)	减肥后（kg）
4	3	70.3	71.0		平均	68.64667	67.1
5	4	68.5	67.3		方差	10.73695	11.2457
6	5	64.3	65.2		观测值	15	15
7	6	65.6	62.3		泊松相关系数	0.916617	
8	7	72.8	71.8		假设平均差	0	
9	8	64.3	62.0		df	14	
10	9	73.1	70.9		t Stat	4.417989	
11	10	68.2	65.4		P(T<=t) 单尾	0.000292	
12	11	74.2	72.1		t 单尾临界	1.76131	
13	12	66.0	66.3		P(T<=t) 双尾	0.000584	
14	13	71.1	69.2		t 双尾临界	2.144787	
15	14	70.8	68.0				
16	15	68.3	65.4				

图 7.14　两成对样本的原始数据与 t 检验结果

第四节　率的检验

前面的假设检验，都是针对连续的、服从正态分布的变量进行的统计推断。在体育实践中，还经常遇到名次类变量或者比率问题。如：篮球投篮命中率；排球发球、拦网成功率；学生体育成绩达标率等，本节将介绍单个总体率和两个总体率的假设检验。

一、单个总体率的假设检验

从总体率为 π 的总体中，抽取一个样本含量为 n 的样本，得到的样本率为 P，由于抽样误差的存在，得到的样本率 P 往往和总体率之间存在偏差，率的检验就是要判定 $\pi=\pi_0$ 是否成立，即通过检验判定样本率和总体率之间的差异是由于抽样误差引起，还是由于条件误差引起。检验时选择和计算的统计量：

$$u=\frac{P-\pi_0}{\sigma_P}=\frac{P-\pi_0}{\sqrt{\pi_0(1-\pi_0)/n}}\sim N(0,1) \tag{7.10}$$

根据选定的显著性水平 α，查标准正态分布表可得双侧检验临界值 $u_{\alpha/2}$，如果：

$|u| < u_{\alpha/2}$，接受 H_0；

$|u| \geqslant u_{\alpha/2}$，拒绝 H_0，接受 H_1。

例 7.13 某高校普通院系体育达标测试数据表明，该高校非体育专业学生体育达标率为 72%，现随机抽取该高校化学学院学生 80 人，达标 59 人，试分析该校化学学院学生与全校非体育专业学生体育成绩是否存在差异？（$\alpha=0.05$）

解：$n=80$，$P=\dfrac{59}{80}\approx73.75\%$

1. 建立假设　　　　$H_0:\pi=\pi_0$　$H_1:\pi\neq\pi_0$

2. 计算统计量 u　　$u=\dfrac{P-\pi_0}{\sigma_P}=\dfrac{0.7375-0.72}{\sqrt{0.72\times(1-0.72)/80}}=0.34861$

3. $\alpha=0.05$，查表（附表 1）得双侧检验的临界值 $u_{0.05/2}=1.96$。

4. 统计判断：$|u|=0.34861<1.96$，$P>0.05$，所以接受 H_0，认定该校化学专业学生和该校非体育专业学生体育达标情况相同。

二、两个总体率的假设检验

在体育科研和体育实践中，不仅经常遇到样本率与总体率的检验问题，还经常遇到由两个样本率 P_1、P_2 去推断两个总体率 π_1、π_2 是否相同的问题，即由两个样本率 P_1、P_2 去判定 $\pi_1=\pi_2$ 是否成立的问题。此时，检验时选择和计算的统计量：

$$u=\frac{P_1-P_2}{S_{P_1-P_2}}=\frac{P_1-P_2}{\sqrt{P_c(1-P_c)\left(\dfrac{1}{n_1}+\dfrac{1}{n_2}\right)}} \qquad (7.11)$$

其中，P_c 叫作合成样本率，

$$P_c=\frac{n_1P_1+n_2P_2}{n_1+n_2} \qquad (7.12)$$

根据选定的显著性水平 α，查标准正态分布表可得双侧检验临界值 $u_{0.05/2}$，如果：

$|u| < u_{\alpha/2}$，接受 H_0；

$|u| \geqslant u_{\alpha/2}$，拒绝 H_0，接受 H_1。

例 7.14 某高校体育达标测试中，随机抽取大一文科专业学生 90 人，达标 65 人；随机抽取大二文科专业学生 120 人，达标 92 人，试问该校大一、大二文科专业学生体育达标测试达标率是否相同？（$\alpha=0.05$）

解：$P_1 = \dfrac{65}{90} \approx 0.7222$，$P_2 = \dfrac{92}{120} \approx 0.7667$，$P_c = \dfrac{65+92}{90+120} \approx 0.7476$

1. H_0：$\pi_1 = \pi_2$，H_1：$\pi_1 \neq \pi_2$；

2. $u = \dfrac{P_1 - P_2}{\sqrt{P_c(1-P_c)\left(\dfrac{1}{n_1}+\dfrac{1}{n_2}\right)}} = \dfrac{0.7222-0.7667}{\sqrt{0.7476 \times (1-0.7476) \times \left(\dfrac{1}{90}+\dfrac{1}{120}\right)}}$

≈ -0.734；

3. $\alpha = 0.05$，查标准正态分布表（附表 1）得双侧检验的临界值 $u_{0.05/2} = 1.96$；

4. 比较：因为 $|u| = 0.734 < u_{0.05/2} = 1.96$，所以接受 H_0，可以认为该校文科专业大一、大二学生体育达标情况相同。

三、Excel 进行率检验的实例

（一）单个总体率的假设检验

例 7.15 以例 7.13 为例（光盘例 7.15）用 Excel 分析该校化学专业学生与全校非体育专业学生体育成绩是否存在差异？

操作步骤：

1. 输入数据，如图 7.15 所示（A2：C2）；

2. 单击存放 u 值的单元格 D2（图 7.15）使其成为活动单元格，在单元格中输入＝(C2/B2－A2)/((A2 * (1－A2)/B2)^(1/2))，计算 u 值，结果为 $u = 0.34861$（图 7.15）。

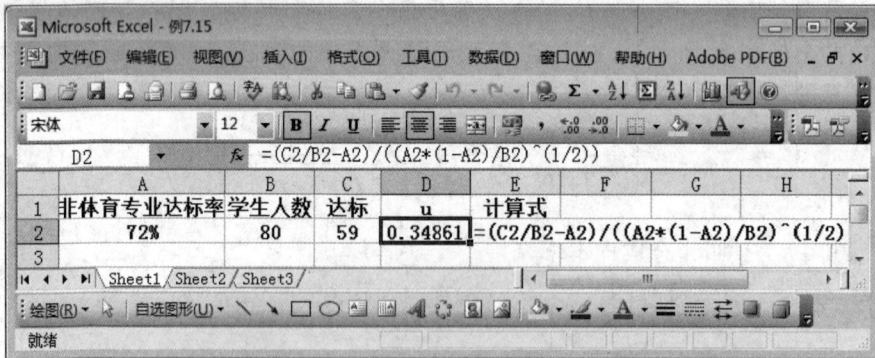

图 7.15　单个总体率检验的原始数据和检验结果

3. $\alpha = 0.05$，查表（附表 1）得双侧检验的临界值 $u_{0.05/2} = 1.96$；

4. 统计判断：$|u| = 0.34861 < 1.96$，$P > 0.05$，所以接受 H_0，认定该校化学专业学生和该校非体育专业学生体育达标情况相同。

（二）两个总体率的假设检验

例 7.16 以例 7.14 为例（光盘例 7.16）用 Excel 分析该校大一、大二文科专业学生体育达标测试达标率是否相同？

操作步骤：

1. 输入数据，如图 7.16 所示（B2：C2）；

2. 单击存放 u 值的单元格 B5（图 7.16）使其成为活动单元格，在单元格中输入 $=((C2/B2)-(C3/B3))/SQRT((C2+C3)/(B2+B3)*(1-(C2+C3)/(B2+B3))*(1/B2+1/B3))$，计算 u 值，结果为 $u=-0.734$（图 7.16）。

图 7.16　两个总体率检验的原始数据和检验结果

第五节　χ^2 检验

一、χ^2 分布

定义：设随机变量 u_1，u_2，$\cdots$，u_n 相对独立，并且服从标准正态分布，它们的平方和记作 χ^2，即随机变量

$$\chi^2=u_1^2+u_2^2+\cdots+u_n^2$$

服从自由度为 $n-1$ 的 χ^2 分布。χ^2 分布曲线如图 7.17 所示，是一条高峰偏向左侧的曲线，n 越小，曲线左偏程度越大；当 n 足够大时，曲线趋于对称。

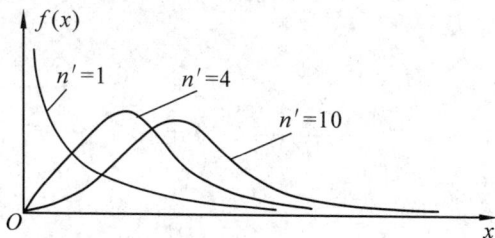

图 7.17　不同自由度的 χ^2 分布曲线图

二、χ^2 检验统计量

χ^2 检验常用的统计量为

$$\chi^2 = \sum \frac{(A-T)^2}{T} \tag{7.13}$$

式中，A 为实际观察数，T 为理论期望频数。对应于 2×2 列联表，T 等于表中与其同行的实际观察数之和乘以与其同列的实际观察数之积除以总频数。

表 7.5　χ^2 检验简化计算表

属性 X	属性 Y		
	1	2	Σ
1	a	b	$a+b$
2	c	d	$c+d$
Σ	$a+c$	$b+d$	$a+b+c+d$

对于 2×2 列联表，专用的检验公式为：

$$\chi^2 = \frac{(ad-bc)^2 \cdot n}{(a+b)(c+d)(a+c)(b+d)} \tag{7.14}$$

注意：当 $n \geq 40$ 并且 $1 \leq T < 5$ 时，用式(7.13)和式(7.14)计算得到的 χ^2 值偏大，需要加以校正，称为连续性校正，式(7.13)的校正公式为

$$\chi^2 = \sum \frac{(|A-T|-0.5)^2}{T} \tag{7.15}$$

式(7.14)的校正公式为

$$\chi^2 = \frac{(|ad-bc|-0.5n)^2 \cdot n}{(a+b)(c+d)(a+c)(b+d)} \tag{7.16}$$

当 $n < 40$ 或 $T < 1$ 时，需采用 Fisher 精确检验。

三、两个总体率的 χ^2 检验

例 7.17　某排球队在一次训练中，队员甲扣球 160 次，失败 60 次；队员乙扣球 140 次，失败 35 次，试问甲、乙两名队员扣球技术成功率是否一致？（$\alpha = 0.05$）

解法一：

1. $H_0：\pi_1 = \pi_2$　　$H_1：\pi_1 \neq \pi_2$

列四格表，根据 $T = \dfrac{\text{行合计} \times \text{列合计}}{N}$ 求出各个格子的理论频数，并填入相应格子括号中，如表 7.6 所示：

$$T_{11} = \frac{160 \times 205}{300} \approx 109.33 \qquad T_{12} = \frac{160 \times 95}{300} \approx 50.67$$

$$T_{21} = \frac{140 \times 205}{300} \approx 95.67 \qquad\qquad T_{22} = \frac{140 \times 95}{300} \approx 44.33$$

表 7.6　χ^2 检验计算表

	扣球成功	扣球失败	合计
队员甲	100(109.33)	60(50.67)	160
队员乙	105(95.67)	35(44.33)	140
合计	205	95	300

2. 由 $\chi^2 = \sum \frac{(A-T)^2}{T}$ 得

$$\chi^2 = \frac{(100-109.33)^2}{109.33} + \frac{(60-50.67)^2}{50.67} + \frac{(105-95.67)^2}{95.67} + \frac{(35-44.33)^2}{44.33}$$
$$\approx 5.39$$

3. $\alpha = 0.05$，查表得，$\chi^2_{0.05}(1) = 3.84$

4. 因 $\chi^2 = 5.39 > \chi^2_{0.05}(1) = 3.84$，所以拒绝 H_0，接受 H_1，认定甲、乙两名队员扣球技术成功率不一致。

解法二：本例也可以用四格表专用的检验公式进行检验，检验过程如下：

1. H_0：$\pi_1 = \pi_2$　　H_1：$\pi_1 \neq \pi_2$

2. $\chi^2 = \dfrac{(ad-bc)^2 \cdot n}{(a+b)(c+d)(a+c)(b+d)} = \dfrac{(100 \times 35 - 60 \times 105)^2 \times 300}{205 \times 95 \times 160 \times 140} \approx 5.39$

3. $\alpha = 0.05$，查表得，$\chi^2_{0.05}(1) = 3.84$

4. 因 $\chi^2 = 5.39 > \chi^2_{0.05}(1) = 3.84$，所以拒绝 H_0，接受 H_1，认定甲、乙两名队员扣球技术成功率不相同。

以上两种方法检验结果一致，说明两个公式在检验中是等效的。

实践中，经常遇到多个样本率的 χ^2 检验，即 $r \times c$ 列联表的 χ^2 检验，检验的理论和计算步骤均与四格表相同。

四、独立性检验和一致性检验

根据不同的研究需要，$r \times c$ 列联表可进行两种不同的 χ^2 检验，即独立性检验和一致性检验，限于篇幅，本节以 2×2 列联表为例，进行说明。

独立性检验是为了判断两个分类属性之间到底是存在关联性，还是彼此独立。如果一种属性的分布变化与另一个属性的分布无关，则称这两个分类属性相互独立；反之则称这两个分类属性之间存在关联性。

独立性检验所建立的假设为：

　　H_0：两属性相互独立　　　　H_1：两属性相互关联

一致性检验所建立的假设为：

H_0：每个总体分布相同　　H_1：每个总体分布不同

例 7.18　在对某运动品牌服装爱好的调查中，随机抽取某高校城镇户籍学生 300 人，喜欢该运动品牌 190 人；随机抽取农村户籍学生 280 人，喜欢该运动品牌 146 人，数据如表 7.7 所示，试问学生来源与喜欢该品牌与否是否相互独立？（$\alpha=0.05$）

表 7.7　χ^2 检验计算表

	喜欢	不喜欢	合计
城镇	87(77.07)	63(72.93)	150
农村	62(71.93)	78(68.07)	140
合计	149	141	290

解：本例属于独立性检验问题

1. H_0：学生来源与对该品牌的爱好独立；H_1：学生来源与对该品牌爱好相关联

2. $\chi^2=\dfrac{(ad-bc)^2\cdot n}{(a+b)(c+d)(a+c)(b+d)}=\dfrac{(87\times78-63\times62)^2\times290}{150\times140\times149\times141}\approx4.78$

3. $\alpha=0.05$，查表得，$\chi^2_{0.05}(1)=3.84$

4. 因 $\chi^2=4.78>\chi^2_{0.05}(1)=3.84$，所以拒绝 H_0，接受 H_1，认定学生来源与对该运动品牌的爱好有关。

例 7.19　某体校教师在一次持续两个月的大规模训练结束后，随机抽取男运动员 200 人，伤病 62 人；随机抽取女运动员 160 人，伤病 66 人，数据如表 7.8 所示，试问该体校男、女运动员在本次大规模训练中伤病率是否一致？（$\alpha=0.05$）

表 7.8　χ^2 检验计算表

	伤病	未伤病	合计
男运动员	62(71.11)	138(128.89)	200
女运动员	66(56.89)	94(103.11)	160
合计	128	232	360

解：本例属于一致性检验问题

1. H_0：该体校男、女运动员在本次训练中伤病发生率一致；H_1：该体校男、女运动员在本次训练中伤病发生率不一致

2. $\chi^2=\dfrac{(ad-bc)^2\cdot n}{(a+b)(c+d)(a+c)(b+d)}=\dfrac{(62\times94-138\times66)^2\times360}{128\times232\times160\times200}\approx4.08$

3. $\alpha=0.05$，查表得，$\chi^2_{0.05}(1)=3.84$

4. 因 $\chi^2=4.08>\chi^2_{0.05}(1)=3.84$，所以拒绝 H_0，接受 H_1，认定该体校男、女运动员在本次训练中伤病发生率不一致(女运动员伤病率偏高)。

五、χ^2 检验 Excel 实例分析

例 7.20 以例 7.17 数据为例(光盘例 7.20)，用 Excel 求解。

操作步骤：

1. 输入数据(B2：D4)，如图 7.18 所示；

2. 在选定单元格 G1 中输入公式：＝B4/＄D＄4 后，向右填充，计算总体率得 0.6833 和 0.3167，如图 7.18 所示；

3. 在选定单元格 B7 中输入公式：＝＄D2＊G1 后，向右填充，计算队员甲的理论频数为 109.333 和 50.6667，如图 7.18 所示；

4. 在选定单元格 B8 中输入公式：＝＄D3＊G1 后，向右填充，计算队员乙的理论频数为 95.6667 和 44.3333，如图 7.18 所示；

5. 在选定单元格 B9 中输入公式：＝CHITEST(B2：C3，B7：C8)，计算 χ^2 的单尾概率，得 $P=0.0202$；

6. 统计判断：因为 $P=0.0202<0.05$，差异具有显著意义，拒绝原假设。

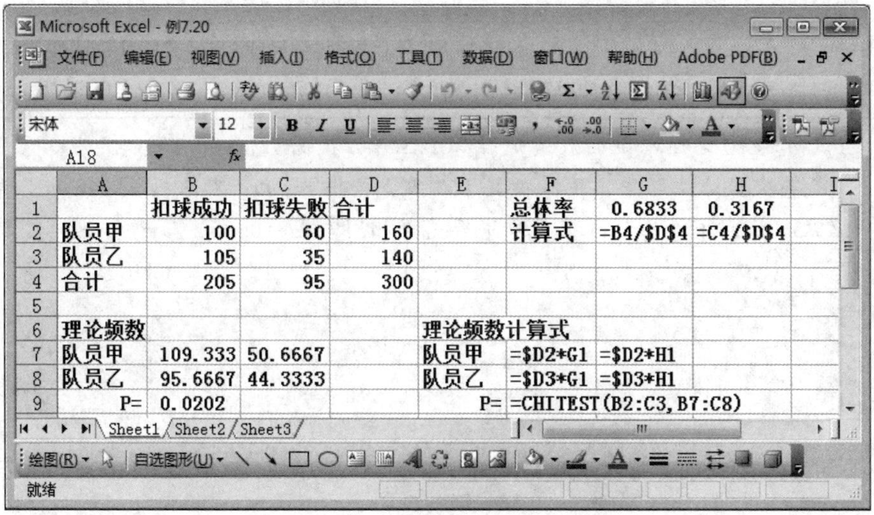

	A	B	C	D	E	F	G	H
1		扣球成功	扣球失败	合计		总体率	0.6833	0.3167
2	队员甲	100	60	160		计算式	=B4/$D$4	=C4/$D$4
3	队员乙	105	35	140				
4	合计	205	95	300				
5								
6	理论频数				理论频数计算式			
7	队员甲	109.333	50.6667		队员甲	=$D2*G1	=$D2*H1	
8	队员乙	95.6667	44.3333		队员乙	=$D3*G1	=$D3*H1	
9	P=	0.0202			P=	=CHITEST(B2:C3,B7:C8)		

图 7.18 χ^2 检验的原始数据和检验结果

1. 假设检验的基本原理是什么?

2. 假设检验的基本步骤是什么?

3. 某校体质达标测试数据表明,该校女生立定跳远平均成绩为 171.6 cm,随机抽取某专业女生 65 人,测得该校女生立定跳远平均成绩为 172.4 cm,标准差为 16.5 cm。试问该专业女生立定跳远成绩与全校女生立定跳远成绩有无显著性差异?($\alpha=0.05$)

4. 随机抽取某高校大一男生 150 人,测得他们肺活量平均值为 4352 ml,标准差为 44.1 ml;随机抽取该校大二男生 120 人,测得他们肺活量平均值为 4330 ml,标准差为 42 ml,试问该校大一男生肺活量是否高于大二男生肺活量?($\alpha=0.05$)

5. 百米跑成绩服从正态分布,某教练指导 10 名百米运动员训练 3 个月后,运动员训练前后成绩如下:

编号	1	2	3	4	5	6	7	8	9	10
训练前(s)	12.65	13	12.37	11.8	12.71	12.35	11.92	12.82	12.41	12.5
训练后(s)	12.28	12.51	11.62	11.72	12.86	12.08	11.76	13	12.03	12.11

试问这 10 名运动员的成绩是否有了显著性提高?($\alpha=0.05$)

6. 某次篮球比赛中,甲队投篮 160 次,命中 65 次;乙队投篮 146 次,命中 47 次,试问甲、乙两队投篮命中率是否相同?($\alpha=0.05$)

第八章　方差分析

本章概要

　　本章着重介绍了方差分析的基本原理和方差分析的基本步骤，以及 Excel 软件处理方差分析的相关操作。

学习目标

　　理解方差分析的概念及其基本思想，掌握 Excel 软件处理单因素方差分析的相关操作。

关键术语

　　方差分析　单因素方差分析

　　第七章假设检验的内容，主要讲了如何进行单个均数和两个均数差异性的比较。但是在体育实践和体育科研中，为了改进教学和训练，提高教学和训练成绩，我们常需要分析不同的教学和训练产生的效果。现实中的事物是复杂的，影响其因素是多种多样的，而且这些因素间又常常是相互制约和相互依存的。如果仍然按照假设检验方法，对多个均数进行两两比较，将会导致检验效率的降低。如何通过有限的试验数据，分析出各个因素以及各因素之间的交互作用的影响，方差分析就是对两个以上样本均数差异显著性进行检验的一种统计方法。

第一节　方差分析概述

一、方差分析的基本概念

　　方差分析（analysis of variance，简写为 ANOVA）又称"变异分析"，它是 20 世纪英国统计学家 R. A. Fisher 首先提出的一种统计方法。

　　在方差分析中，把试验关注的结果称为指标；将试验中状态发生变化的因素称为因素（factor）或因子，用字母 A，B，C，…表示；称因素在试验中所取的不同状态为水平，设因素 A 有 a 个水平，记为 A_1，A_2，…，A_a；因素 B 有 b 个水平，记为 B_1，B_2，…，B_b。例如，抽取水平相近的高中男生 32 人，平均分为4组，采用4种不同的内容训练其立定跳远后成绩提高结果如表8.1所示。

表8.1 不同训练内容的试验结果

训练内容	测 试 结 果							
A_1	0.08	0.19	0.23	0.15	0.25	0.18	0.13	0.21
A_2	0.18	0.11	0.16	0.15	0.12	0.14	0.16	0.15
A_3	0.19	0.14	0.18	0.19	0.15	0.28	0.13	0.24
A_4	0.13	0.23	0.26	0.29	0.23	0.24	0.20	0.21

在表8.1中只有一个因素 A（训练内容）在变化，4种训练内容分别代表因素 A 的4个不同水平。

表8.2 不同训练方式和训练条件的试验结果

训练内容	测 试 结 果		
	训练条件 B_1	训练条件 B_2	训练条件 B_3
A_1	0.05	0.16	0.20
A_2	0.15	0.08	0.13
A_3	0.16	0.11	0.15
A_4	0.10	0.20	0.23

例如，不同训练内容和不同训练条件如表8.2所示。在表8.2中有两个因素 A（训练内容）和 B（训练条件）在变化，其中4种训练内容代表因素 A 的4个水平 A_1，A_2，A_3，A_4；3种训练条件代表因素 B 的3个水平 B_1，B_2，A_3。从表8.2中可以看出，不同训练内容下测试结果是有差异的，说明不同训练内容对立定跳远成绩的增长很可能是有显著影响的。但同一训练内容下运动成绩的增长也存在差异，产生这种差异的原因是由于其他未加控制或无法控制的随机因素的影响，称为试验误差或偶然误差。由于试验误差的存在，因而可以认为同一水平下的试验结果是服从某一分布的总体，该水平下的各次试验结果就是该总体的一个样本。试验中因素 A 的 a 个水平就对应 a 个总体。

若试验中只有一个变动的因素，就称为单因素试验或单因子试验；若有两个变动的因素，就称为双因素试验或双因子试验；当有两个以上变动的因素时，则称为多因素试验或多因子试验。本章仅讨论单因素和双因素的方差分析。

二、方差分析的基本假设条件

设试验中因素 A 在水平 A_i 下的某项指标为总体 X_i，$i=1$，2，$\cdots$，a，则假定各总体 A_i 相互独立且服从同方差的正态分布，即

$$\begin{cases} X_i \sim N(\mu_i, \sigma^2) \\ X_i \quad \text{相互独立} \end{cases} i = 1, 2, \cdots, a \qquad (8.1)$$

其中，μ_i 和 σ^2 都未知。显然，只要不同水平下的试验都是独立进行的，且除了变动的因素外，能保持其他条件基本不变，则条件(8.1)通常是能够满足的。

三、方差分析的目的

方差分析的目的，就是要检验原假设

$$H_0 : \mu_1 = \mu_2 = \cdots = \mu_a \qquad (8.2)$$

是否成立。若拒绝 H_0，就说明因素 A 的不同水平对该项指标有显著影响，进而应确定使效果最佳的水平；若不能拒绝 H_0，则说明因素 A 对该项指标无显著影响，试验结果间的差异主要是由其他未加控制的因素和随机误差引起的。

在第七章中曾介绍了可以用 t 检验法来检验两个正态总体均值是否相同的问题，而在以上案例中则存在多个正态总体，若仍用 t 检验法对各总体进行两两比较，就很不方便。特别是对双因素和多因素 t 检验法是无法分析因子间的交互作用的，而这正是方差分析的主要任务。

第二节　单因素方差分析

在试验中如果只有一个因素在变化，其他可控制的条件不变，对这种试验结果进行方差分析的方法叫作单因素方差分析(one-way analysis of variance)。如第一节里面所举水平相近的高中男生 32 人，平均分为 4 组，采用 4 种不同的内容训练立定跳远，在这个例子里面，4 组男生各方面条件相近，只有训练方法不同，对这种试验结果进行方差分析，就属于单因素方差分析。

一、方差分析的基本方法

前面我们提过样本均数之间的差异，可能是由多种原因造成的，如果各种能控制的误差(如测试误差、系统误差等)基本能控制以后，其造成差异的原因只有两种：一种是在随机抽样中或试验过程中，受随机因素影响所形成的随机误差，即各组数据(个体)之间存在的差异就是前面所提的试验误差。另一种就是由于在不同的试验条件下，处理方法不同所造成的差异，也就是如教学中由于采用不同教学手段引起各组间产生的误差。

方差分析检验原假设 H_0 的基本思路是：将因素的不同水平和随机误差对试验结果的影响进行分离，并比较两者中哪一个对试验结果的影响起主要作用。若因素的不同水平对试验观察到的试验结果之间差异的影响是主要的，就可以拒绝 H_0；反之，若试验结果之间的差异主要是由随机误差引起的，就

不能拒绝 H_0，说明因素 A 对试验结果无显著影响。

二、单因素方差分析的步骤

(一)计算步骤

1. 根据已知，首先计算各组数据的算术平均数 $\bar{x}$，样本含量 n，$\sum x$ 以及 $\sum x^2$

2. 然后计算 $\sum\sum x$，$\sum\sum x^2$ 以及 N 的值，其中

$$\sum X = \sum\sum x, \sum X^2 = \sum\sum x^2, N = \sum n$$

3. 计算离差平方和

总离差平方和 $\quad L_{总} = \sum X^2 - \dfrac{(\sum X)^2}{N}$ \hfill (8.3)

组间离差平方和 $\quad L_{间} = \sum \dfrac{(\sum x)^2}{n} - \dfrac{(\sum X)^2}{N}$ \hfill (8.4)

组内离差平方和 $\quad L_{内} = L_{总} - L_{间}$ \hfill (8.5)

4. 计算方差

组间方差 $\quad S_{间}^2 = L_{间}/(k-1)$ \hfill (8.6)

组内方差 $\quad S_{内}^2 = L_{内}/(N-k)$ \hfill (8.7)

表8.3 方差分析原始数据表

因素 ＼ 水平	A_1	A_2	...	A_k
1	x_{11}	x_{21}	...	x_{k1}
2	x_{12}	x_{22}	...	x_{k2}
3	x_{13}	x_{23}	...	x_{k3}
⋮	⋮	⋮	⋮	⋮
n	x_{1n}	x_{2n}	...	x_{kn}
$\sum x$	$\sum\limits_{i=1}^{n} x_{1i}$	$\sum\limits_{i=1}^{n} x_{2i}$	...	$\sum\limits_{i=1}^{n} x_{ki}$
$\sum x^2$	$\sum\limits_{i=1}^{n} x_{1i}^2$	$\sum\limits_{i=1}^{n} x_{2i}^2$	...	$\sum\limits_{i=1}^{n} x_{ki}^2$
$\bar{x}$	$\bar{x}_1$	$\bar{x}_2$	...	$\bar{x}_k$
n	n_1	n_2	...	n_k

5. 计算 F 值

$$F = \frac{S_{间}^2}{S_{内}^2}$$ \hfill (8.8)

根据计算所得的 F 值检验假设 H_0，对于给定的显著水平 α，如果 $F \geqslant F_\alpha (n'_1, n'_2)$，则 $P \leqslant \alpha$，差异显著，此时需要进行均数的多重比较；如果 $F < F_\alpha (n'_1, n'_2)$，则 $P > \alpha$，结论为差异不显著。

为了便于计算，列计算表进行方差分析(如表8.4所示)。

表8.4　方差分析表

方差来源	平方和	自由度	均方	F 值	$F_a(k-1, N-k)$	P
组间	$L_间$	$k-1$	$L_间/(k-1)$	$\dfrac{L_间/(k-1)}{L_内/(N-k)}$	$F_a(k-1, N-k)$	
组内	$L_内$	$N-K$	$L_内/(N-k)$			
总	$L_总$	$N-1$				

第一自由度为：$n'_1 = k-1$，第二自由度为：$n'_2 = N-k$。

(二)方差分析的计算

1. 建立假设

方差分析的实质是假设各样本来自同一个正态总体，然后用 F 检验来判断这一假设是否成立。建立的假设具体写为：

H_0：$\mu_1 = \mu_2 = \cdots = \mu_k$，$H_1$：$\mu_1$，$\mu_2$，$\cdots$，$\mu_k$ 不全相等；

2. 计算检验统计量：F，k 为分组数，N 为观测值总数；

3. 根据 α，查附表求临界值 $F_\alpha(k-1, N-k)$；

4. 比较并得出结论。

三、单因素方差分析的计算

例8.1　将基本条件相近的体育专业大一男生 32 人，平均分为 4 组，采用 4 种不同的方法训练他们的立定跳远，训练两个月后，测得他们的跳远成绩(如表8.5所示)，试分析 4 种不同的训练方法训练效果差异是否具有显著性？($\alpha = 0.05$)

表8.5　例8.1方差分析计算表

编号	第一组	第二组	第三组	第四组	$\sum$
1	2.53	2.63	2.64	2.58	
2	2.64	2.56	2.59	2.68	
3	2.68	2.61	2.63	2.71	
4	2.60	2.60	2.64	2.74	
5	2.70	2.57	2.60	2.68	
6	2.63	2.59	2.73	2.69	
7	2.58	2.61	2.58	2.65	
8	2.66	2.60	2.69	2.66	
$\sum x$	21.02	20.77	21.10	21.39	84.28
$\sum x^2$	55.2518	53.9277	55.6696	57.2071	222.0562
$\overline{x}$	2.6275	2.59625	2.6375	2.67375	
n	8	8	8	8	32

解：由已知计算的 $\sum X = \sum \sum x = 84.28$，$\sum X^2 = \sum \sum x^2 = 222.0562$，$N = 32$，

1. 建立假设 H_0：$\mu_1 = \mu_2 = \mu_3 = \mu_4$

2. 计算平方和与自由度

$$L_总 = \sum X^2 - \frac{\left(\sum X\right)^2}{N} = 222.0562 - \frac{84.28^2}{32} = 0.08375$$

$$L_间 = \sum \frac{\left(\sum x\right)^2}{n} - \frac{\left(\sum X\right)^2}{N} = \frac{21.02^2 + 20.77^2 + 21.10^2 + 21.39^2}{8} -$$

$$\frac{84.28^2}{32} = 0.024475$$

$$L_内 = L_总 - L_间 = 0.08375 - 0.024475 = 0.059275$$

$$\mathrm{d}f_总 = N - 1 = 32 - 1 = 31$$

$$\mathrm{d}f_间 = k - 1 = 4 - 1 = 3$$

$$\mathrm{d}f_内 = N - k = 32 - 4 = 28$$

3. 计算统计量 F

$$F = \frac{L_间/(k-1)}{L_内/(N-k)} = \frac{0.024475/3}{0.059275/28} \approx 3.85$$

4. 查附表得，$F_{0.05}(3, 28) = 2.95$，因 $F = 3.85 > F_{0.05}(3, 28) = 2.95$，所以拒绝 H_0，接受 H_1，认为 4 种不同训练方法训练效果具有显著性差异。方差分析表如表 8.6 所示。

表 8.6 方差分析表

方差来源	平方和	自由度	均方	F 值	$F_{0.05}(3, 28)$	P
组间	0.024475	3	0.008158	3.853789	2.95	<0.05
组内	0.059275	28	0.002117			差异显著
总	0.08375	31				

方差分析分各组样本含量相等和样本含量不等两种情况，因此计算组间离差平方和 $L_间$ 的方法也不同。

当样本含量相等时：

$$L_间 = \frac{\left(\sum x_1\right)^2 + \left(\sum x_2\right)^2 + \cdots + \left(\sum x_k\right)^2}{n} - \frac{\left(\sum X\right)^2}{N} \tag{8.9}$$

当样本含量不等时：

$$L_间 = \frac{\left(\sum x_1\right)^2}{n_1} + \frac{\left(\sum x_2\right)^2}{n_2} + \cdots + \frac{\left(\sum x_k\right)^2}{n_k} - \frac{\left(\sum X\right)^2}{N} \tag{8.10}$$

例 8.2 现将一批学生随机分配在三个组中，进行三种不同方式的训练后得分如表 8.7 所示。问三种训练方式的效果是否有显著差异？（$\alpha = 0.05$）

表 8.7 三种训练方式的得分

编号	第一组	第二组	第三组	$\sum$
1	31	58	65	
2	58	76	80	
3	46	73	82	
4	50	56	44	
5	38	42	74	
6	62	63	56	
7	53	52	60	
8	62		75	
9			67	
$\sum x$	400	420	603	1423
$\sum x^2$	20882	26042	41611	88535
$\overline{x}$	50	60	67	
n	8	7	9	24

解：由已知计算的 $\sum X = \sum\sum x = 1423$，$\sum X^2 = \sum\sum x^2 = 88535$

1. 建立假设 H_0：$\mu_1 = \mu_2 = \mu_3$

2. 计算平方和与自由度

$$L_{总} = \sum X^2 - \frac{\left(\sum X\right)^2}{N} = 88535 - \frac{1423^2}{24} = 4162.958$$

$$L_{间} = \frac{\left(\sum x_1\right)^2}{n_1} + \frac{\left(\sum x_2\right)^2}{n_2} + \cdots + \frac{\left(\sum x_k\right)^2}{n_k} - \frac{\left(\sum X\right)^2}{N}$$

$$= \frac{400^2}{8} + \frac{420^2}{7} + \frac{603^2}{9} - \frac{1423^2}{24} = 1228.958$$

$$L_{内} = L_{总} - L_{间} = 4162.958 - 1228.958 = 2934$$

$$\mathrm{d}f_{总} = N - 1 = 24 - 1 = 23$$

$$\mathrm{d}f_{间} = k - 1 = 3 - 1 = 2$$

$$\mathrm{d}f_{内} = N - k = 24 - 3 = 21$$

3. 计算统计量 F

$$S_{间}^2 = L_{间}/(k-1) = 1228.958 \div 2 = 614.4792$$

$$S_{内}^2 = L_{内}/(N-k) = 2934 \div 21 = 139.7143$$

$$F = \frac{S_{间}^2}{S_{内}^2} = \frac{614.4792}{139.7143} = 4.3981$$

4. 查附表得，$F_{0.05}(2, 21) = 3.47$，因 $F = 4.3981 > F_{0.05}(2, 21) = 3.47$，所以拒绝 H_0。

5. 列方差分析表（如表 8.8 所示）。

表 8.8　方差分析表

方差来源	平方和	自由度	均方	F 值	$F_{0.05}(2, 21)$	P
组间	1228.958	2	614.4792	4.3981	3.47	<0.05
组内	2934	21	139.7143			差异显著
总体	4162.958	23				

第三节　平均数的多重比较

方差分析中的 F 检验是一种整体检验，当方差分析结果判定 H_0 不成立，而接受 H_1 时，只能说明各个正态总体均数 $\mu_1, \mu_2, \cdots, \mu_k$ 不全相等，并不能说明每两个总体均数间的差异都一定显著。如果要进一步分析哪两个均数间差异显著，哪两个均数间差异不显著，则还需要进行均数的多重比较（multiple comparison）。其中，若 F 检验不显著时，则表明被检验的所有样本均数没有一对差异是显著的，此时无须进行均数的多重比较。

多重比较的方法较多，本节介绍较为常用的 Tukey 法和 Scheffe 法。

一、Tukey 法

Tukey 法（图凯法），简称 T 法，是 1953 年提出来的，它是一种能将所有各对平均值同时比较的方法，这种方法现已被广泛采用。设因素 A 分成两组，每组有相等的含量，并经过方差分析判明各组之间存在显著性差异，为了比较两者之间差异显著性，可按下式计算 T 值：

$$T = QS_{\bar{x}} \tag{8.11}$$

其中 Q 值按由先确定的 α 水平、组数 K 和组内自由度（$N-k$）查多重比较 q 值表（附表 6）获取。任何一对平均值之差，只要超过 T 值，则表明这一对平均值之间的差异显著。

Tukey 法要求所有的样本含量都相等，即

$$n_1 = n_2 = \cdots = n_k$$

其中，式中

$$S_{\bar{x}} = \sqrt{\frac{S_{\text{内}}^2}{n}} \tag{8.12}$$

例 8.1 各组样本含量相等，利用 Tukey 法进一步分析。

在例 8.1 中已知：$k=4$，$n=32$，组内方差 $=0.002117$，组内自由度 $=20$，取 $\alpha=0.05$。

查 q 值表，得 $Q=3.96$。

$$S_{\bar{x}}=\sqrt{\frac{S_{\text{内}}^2}{n}}=\sqrt{\frac{0.002117}{32}}=0.008134$$

$$T=QS_{\bar{x}}=3.96\times0.008134=0.0322$$

以 $T=0.0322$ 作为比较标准，结果如表 8.9 所示。

表 8.9　平均数比较表

$\bar{x}$	$\bar{x}-2.59625$	$\bar{x}-2.6275$	$\bar{x}-2.67375$
$\bar{x}_4=2.67375$	0.0775 *	0.04625 *	0.03625 *
$\bar{x}_3=2.6375$	0.04125 *	0.01	
$\bar{x}_1=2.6275$	0.03125		
$\bar{x}_2=2.59625$			

表 8.9 中 $\bar{x}$ 由大到小排列，且计算平均数差数填入 $\bar{x}-2.59625$，$\bar{x}-2.6275$，$\bar{x}-2.67375$ 各栏；各均数之差与 0.0322 比较，凡其差数大于或等于 0.0322 时，两均数之间差异显著（以"*"号表示）。

由表 8.9 可知：第四组与第一组、第二组、第三组；第三组与第二组训练方法差异显著，且第四组训练方法对提高学生立定跳远成绩较好。

当各组被试不相等时，可采用 Scheffe 法检验进行两两比较。

二、Scheffe 法

Scheffe 法常称为 S 法，多重比较 Scheffe 法是通过计算 d_s 值作出判断，当两均数的差值大于它所对应的 d_s 值时，则判断这两个均数之间的差异显著。

d_s 的计算公式：

$$d_s=\sqrt{S_{\text{内}}^2\left(\frac{1}{n_i}+\frac{1}{n_j}\right)\cdot(k-1)\cdot F_{\alpha}(n'_1,n'_2)} \tag{8.13}$$

式中，n_i，n_j 表示不同样本组 i 和 j 的含量；k 表示组数；$F_{\alpha}(n'_1,n'_2)$ 为 F 检验临界值。

例 8.2 是各组样本含量不相等的情况，经方差分析为差异显著，现用 S 法作进一步分析。

在例 8.2 中已知：$k=3$，$n_1=8$，$n_2=7$，$n_3=9$，$n'_1=2$，$n'_2=21$，组内方差 $=139.7143$。

1. 确定 $F_{\alpha}(n'_1,n'_2)$，取 $\alpha=0.05$，$F_{0.05}(2,21)=3.47$

2. 计算 d_s 值，代入式(8.13)

比较第一组与第二组，$d_s = \sqrt{139.7143 \times \left(\frac{1}{8} + \frac{1}{7}\right) \times (3-1) \times 3.47} = 16.1158$

比较第一组与第三组，$d_s = \sqrt{139.7143 \times \left(\frac{1}{8} + \frac{1}{9}\right) \times (3-1) \times 3.47} = 15.13068$

比较第二组与第三组，$d_s = \sqrt{139.7143 \times \left(\frac{1}{7} + \frac{1}{9}\right) \times (3-1) \times 3.47} = 15.69242$

3. 列平均数比较表，如表 8.10 所示

表中的 $\bar{x}$ 的排列与 Tukey 法相同，按由大到小排列，然后计算，$\bar{x}-50$，$\bar{x}-60$，$\bar{x}-67$ 各栏的差数，把计算出的均差与对应的 d_s 值作比较，可将对应的 d_s 值填在均差后面的括号内，当两均数之差大于对应的 d_s 值时，判断差异显著，以"*"表示。

表 8.10　平均数比较表

$\bar{x}$	$\bar{x}-50$	$\bar{x}-60$
$\bar{x}_3 = 67$	17(15.13068) *	7(15.69242)
$\bar{x}_2 = 60$	10(16.1158)	
$\bar{x}_1 = 50$		

由表 8.10 可以看出，第一组与第三组有显著性差异；第一组与第二组、第二组与第三组差异不显著。

当样本含量相等时，虽然 Tukey 法与 Scheffe 法都适用，但通常用 Tukey 法，用 Scheffe 法也可但此法比较稳妥和保守。

第四节　用 Excel 软件进行方差分析实例

当数据量很大时，手工做方差分析较为烦琐，可以 Excel 的数据分析功能，较为方便地完成单因素方差分析的操作。

例 8.3　以例 8.1 为例(光盘例 8.3)，试用 Excel 进行单因素方差分析。

操作步骤：

1. 输入数据，如图 8.1 所示；

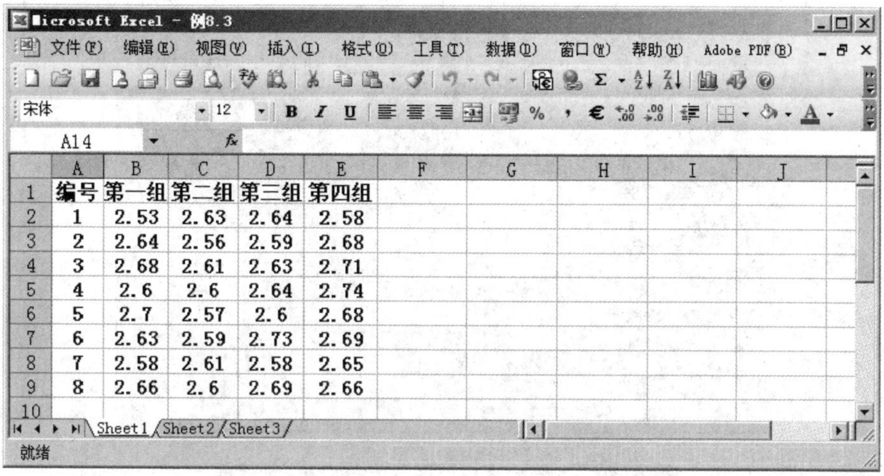

图 8.1　例 8.3 单因素方差分析的原始数据

2. 在"工具"菜单中选择"数据分析"功能，打开"数据分析"对话框，如图 8.2 所示；

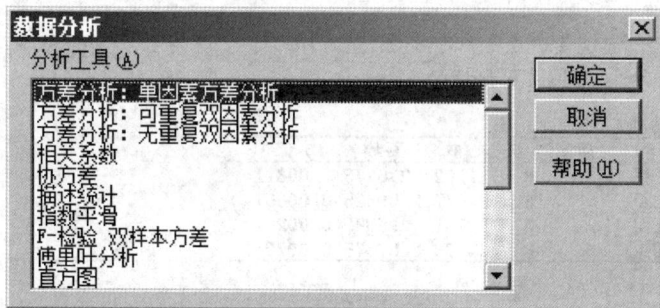

图 8.2　"数据分析"对话框

3. 选择"方差分析：单因素方差分析"功能，单击"确定"，系统打开"方差分析：单因素方差分析"对话框，如图 8.3 所示；

4. 如图 8.3 所示，选定数据的输入区域。本例中数据是按列输入的，故分组方式应选"列"（系统默认值）；选定"标志位于第一行"复选框，指明数据区域的第一行为说明文字；在"输出选项"中选"输出区域"，单击输出区域文本框后，选定输出区域的左上角单元格；单击"确定"，系统输出计算结果，如图 8.4 所示；

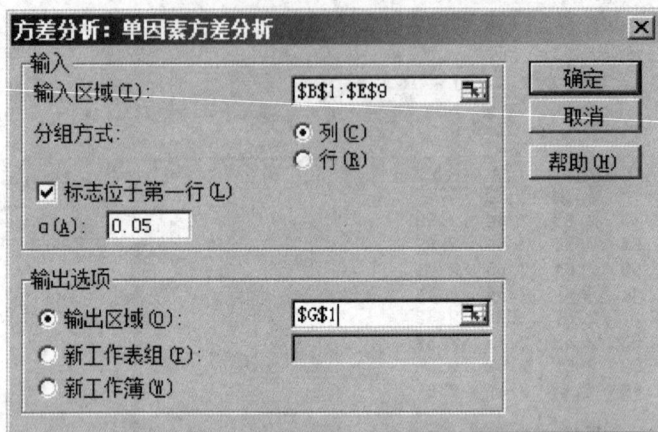

图 8.3 "方差分析：单因素方差分析"对话框

图 8.4 例 8.3 单因素方差分析的计算结果

5. 输出内容说明。

SS：平方和　　　　　　　　　　df：自由度

MS：均方　　　　　　　　　　　F：F 值

P-value：P 值　　　　　　　　　F crit：$F_{\alpha}(n'_{间}, n'_{内})$

P-value 为接受原假设 H_0 的概率，此值大于 0.05，则接受原假设，反之则拒绝。

本例中 P-value＝0.019944＜0.05，拒绝原假设。

>>>>>>>>>>>>>>>>>>>>>>>>>>>>> **练习与思考** <<<<<<<<<<<<<<<<<<<<<<<<<<<<<

1. 方差分析的基本思想是什么？

2. 方差分析的基本步骤是什么？

3. 将 30 名条件相似的跳高运动员随机分成 3 组，由 3 名教练员执教。经一段时间训练后测得纵跳成绩如下所示，试考察这 3 名教练员的训练水平差异有无显著性。若差异具有显著性，请进行多重比较(α＝0.05)。

编号	1	2	3	4	5	6	7	8	9	10
第一组	78	63	62	77	64	65	78	74	62	77
第二组	80	78	76	72	81	80	75	74	76	78
第三组	65	64	63	68	64	74	78	75	61	68

4. 有四所高校运动员参加体操比赛成绩如下，试比较各校之间水平是否有显著差异？

若差异具有显著性，请进行多重比较(α＝0.05)。

编号	1	2	3	4	5	6	7	8
A 校	37.6	35.4	36.8	32.4	34.9	35.2		
B 校	33.8	35.2	34.6	34.7	38.1			
C 校	35.6	36.8	37.1	38.1	39.0	37.8	36.8	38.0
D 校	34.3	31.2	33.8	34.1	33.7	36.1	33.8	

第九章 相关与回归

本章概要

　　本章着重介绍相关与回归的基本概念，线性相关与一元线性回归分析的主要方法，以及用 Excel 软件处理相关、回归分析的对应操作。

学习目标

　　掌握相关与回归的概念，理解线性相关和一元线性回归的分析方法，熟悉 Excel 软件计算相关系数和相关系数的显著性检验，以及一元线性回归方程的建立及评价方法。

关键术语

　　相关　回归　相关系数　回归系数

　　前面章节所研究的问题，基本上属于单变量的数量变化关系。但在体育研究中常常要分析变量与变量之间的关系，如身高与体重、体育锻炼与体质健康等，相关(correlation)与回归(regression)就是研究这种关系的统计方法。说明变量间数量关系的密切程度和方向，并用适当的统计指标表达，这是相关分析的任务；如果要把变量间的数量关系用函数形式表示出来，则是回归分析所要解决的问题。本章主要讨论涉及两个变量 X 与 Y 之间的关系，而且它们之间呈直线关系，即双变量的线性相关与线性回归。

第一节　相关分析

一、相关的概念

　　对两变量间关系的研究，有时并不要求由 X 估计 Y(或者先不考虑这个问题)，而关心的是两个变量间是否确有相关关系。例如上肢力量与铅球成绩之间是否存在相关关系？这种关系表现为上肢力量的增加，铅球成绩是增加还是减少。像这类判断两个数值变量之间有无相关关系，并回答相关的方向和相关程度如何时，可采用相关分析。

　　直线相关(linear correlation)又称简单相关，它研究两变量间是否有直线相关关系，测量两变量关系的密切程度及相关方向。直线相关的性质可由散点图直观说明。

　　如图 9.1 所示直线相关示意图中图 A 和图 B 两图散点呈带形分布，若两变量 X、Y 同时增大或减小，变化趋势是同向的，称为正相关；反之若两变量 X、Y 间呈反向变化，称为负相关。图 E 和图 F 散点在一直线上，若两变量 X、Y 是同向变化，称为完全正相关；反之 X、Y 间呈反向变化，称为完全负相关。图 C、图 D、图 G、图 H，散点分布为圆形、抛物线或者平行于 X、Y 轴的带状分布，此时说明两变量间不存在线性相关关系，称为零相关。正相关或负相关并不一定表示一个变量的改变是另一个变量变化的原因，有可能同受另一个因素的影响。因此，相关关系并不一定是因果关系。

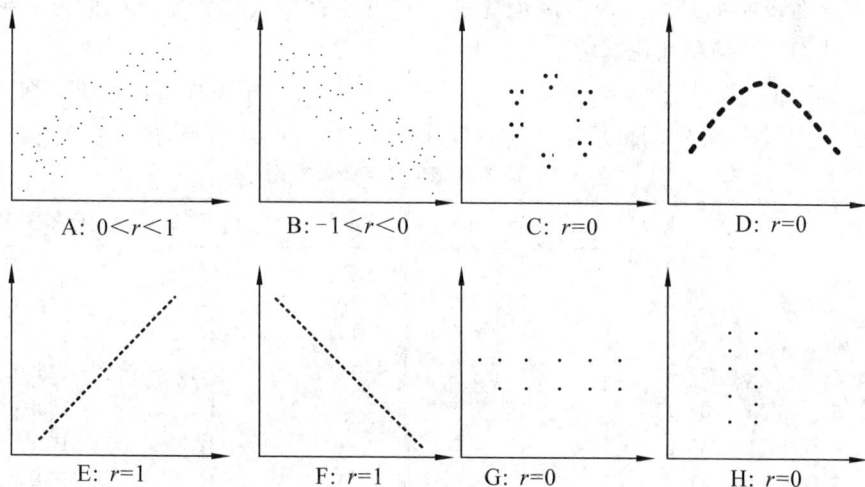

图 9.1　直线相关示意图

二、相关系数的计算

　　相关系数(correlation coefficient)又称为 Pearson 积差相关系数，用符号 r 表示样本相关系数，符号 ρ 表示总体相关系数。它用来说明具有直线关系的两变量间相关的密切程度与相关方向。

　　r 的计算公式为：

$$r = \frac{L_{xy}}{\sqrt{L_{xx} \cdot L_{yy}}} = \frac{\sum (x - \bar{x})(y - \bar{y})}{\sqrt{\sum (x - \bar{x})^2 \cdot (y - \bar{y})^2}} \tag{9.1}$$

　　式中

$$L_{xx} = \sum (x - \bar{x})^2 = \sum x^2 - \left(\sum x\right)^2 / n \tag{9.2}$$

$$L_{yy} = \sum (y - \bar{y})^2 = \sum y^2 - (\sum y)^2 / n \qquad (9.3)$$

$$L_{xy} = \sum (x - \bar{x})(y - \bar{y}) = \sum (xy) - (\sum x) \cdot (\sum y) / n \qquad (9.4)$$

L_{xx} 为 x 的离均差平方和，L_{yy} 为 y 的离均差平方和，L_{xy} 为 y 与 x 的离均差积和。

相关系数 r 是一个无单位的量，取值范围在 $-1 \sim +1$ 之间。r 值为正值表示正相关，r 值为负值表示负相关，r 的绝对值等于 1 为完全相关，$r = 0$ 时为无相关也称零相关，或非线性相关。由于众多因素的影响，因此实践中完全相关的现象并不是太多。这里的 r 实际上是就总体相关系系数 ρ 来说的，r 是 ρ 的估计值；另外，当两个变量间线性相关系数为零时，仅说明两个变量间不存在线性相关关系，但两个变量间有可能存在其他关系，所以当 $r = 0$ 时，我们不能简单地说这两个变量无关。

例 9.1 为讨论 13 岁男孩体重与身高之间的线性相关程度，随机抽取 13 岁男孩 15 人，分别测量其体重（kg）与身高（cm），如表 9.1 所示。

表 9.1 13 岁男孩体重与身高数据

编号	体重（kg）	身高（cm）	编号	体重（kg）	身高（cm）
1	32.0	135.1	9	33.0	145.0
2	30.4	139.9	10	37.2	148.5
3	46.2	163.6	11	49.5	165.5
4	33.5	146.5	12	27.6	135.0
5	37.1	156.2	13	41.0	153.3
6	35.5	156.4	14	32.0	152.0
7	41.5	167.8	15	47.2	160.5
8	31.0	149.7			

解：列计算表，如表 9.2 所示。

表 9.2 13 岁男孩体重与身高相关系数计算表

编号	x	y	x^2	y^2	$x \cdot y$
1	32.0	135.1	1024.00	18252.01	4323.20
2	30.4	139.9	924.16	19572.01	4252.96
3	46.2	163.6	2134.44	26764.96	7558.32
4	33.5	146.5	1122.25	21462.25	4907.75
5	37.1	156.2	1376.41	24398.44	5795.02
6	35.5	156.4	1260.25	24460.96	5552.20
7	41.5	167.8	1722.25	28156.84	6963.70
8	31.0	149.7	961.00	22410.09	4640.70
9	33.0	145.0	1089.00	21025.00	4785.00
10	37.2	148.5	1383.84	22052.25	5524.20

编号	x	y	x^2	y^2	$x \cdot y$
11	49.5	165.5	2450.25	27390.25	8192.25
12	27.6	135.0	761.76	18225.00	3726.00
13	41.0	153.3	1681.00	23500.89	6285.30
14	32.0	152.0	1024.00	23104.00	4864.00
15	47.2	160.5	2227.84	25760.25	7575.60
$\sum$	554.7	2275.0	21142.50	346535.20	84946.20

$\sum x = 554.7, \sum x^2 = 21142.5, \sum y = 2275.0, \sum y^2 = 346535.2, \sum x \cdot y = 84946.2$

$$L_{xx} = \sum x^2 - \left(\sum x\right)^2/n = 21142.5 - 554.7^2/15 = 629.644$$

$$L_{yy} = \sum y^2 - \left(\sum y\right)^2/n = 346535.2 - 2275.0^2/15 = 1493.533$$

$$L_{xy} = \sum (xy) - \left(\sum x\right) \cdot \left(\sum y\right)/n = 84946.2 - 554.7 \times 2275.0/15 = 816.7$$

$$r = \frac{L_{xy}}{\sqrt{L_{xx} \cdot L_{yy}}} = \frac{816.7}{\sqrt{629.644 \times 1493.533}} = 0.842185$$

三、相关系数的假设检验

从同一总体抽出的不同样本会得到不同的样本相关系数，所以要判断 X、Y 间是否确有直线相关关系就要检验 r 是否来自 $\rho \neq 0$ 的总体。因为即使从 $\rho = 0$ 的总体作随机抽样，由于抽样误差的影响，所得 r 值也常不等于零。所以当计算出样本相关系数 r 后，要对计算得到的样本相关系数进行显著性检验，以判定总体相关系数是否为零。样本相关系数显著性检验的统计量如下：

$$t = \frac{r - 0}{S_r} = \frac{r}{\sqrt{\dfrac{1-r^2}{n-2}}}, \quad n' = n - 2 \tag{9.5}$$

式中 $S_r = \sqrt{\dfrac{1-r^2}{n-2}}$ 为相关系数的标准误。求得 t 值后查 t 界值表得 P 值，按所取检验水准作出推断结论；亦可按 $n' = n - 2$，直接查附表 7 的相关系数界值表，得 P 值，以节省计算。

表9.3　相关系数检验推断参考表

情　况	结　论
$|r| < r_{0.05}$	$P > 0.05$ 相关不具显著性
$r_{0.05} \leqslant |r| < r_{0.01}$	$P \leqslant 0.05$ 相关具显著性
$|r| \geqslant r_{0.01}$	$P \leqslant 0.01$ 相关具高度显著性

例9.2 对例9.1所得 r 值，用 t 检验方法进行显著性检验。

解：

假设 H_0：$\rho = 0$；　　H_1：$\rho \neq 0$

$n = 15$，$r = 0.842185$ 按式（9.5）

$$t = \frac{r}{\sqrt{\dfrac{1-r^2}{n-2}}} = \frac{0.842185}{\sqrt{\dfrac{1-0.842185^2}{15-2}}} = 5.632$$

按 $n' = 13$，查 t 界值表，$t_{0.05} = 2.160$，$t_{0.01} = 3.012$，$t_{0.001} = 4.221$。

比较：$t > t_{0.001}$，$P < 0.001$，相关具高度显著性。

结论：13 岁男孩体重与身高存在相关。

例9.3 对例9.1计算所得 r 值，用直接查表法进行显著性检验。

解：已知 $n = 15$，$n' = 13$，$r = 0.842185$

H_0：$\rho = 0$

查表：$r_{0.05} = 0.514$，$r_{0.01} = 0.641$，$r_{0.001} = 0.760$

比较：$|r| > r_{0.001}$，$P < 0.001$，相关具高度显著性。

结论：13 岁男孩体重与身高存在相关。

四、等级相关系数

前面介绍的线性相关适用于双变量正态分布，这类相关系数适用于变量的测度水平为间距测度和比例测度。但在体育领域中，有些变量不是连续的，如等级（名次）。此类变量要讨论它们之间的关系，常采用等级相关系数来表示变量间的相关关系，等级相关又称为秩相关（rank correlation）。等级相关是一种非参数统计方法。常采用 $Spearman$ 秩相关解决这方面的问题。

$Spearman$ 等级相关，它是用等级相关系数 r_s 来描述两变量间相关关系的密切程度与相关方向。首先将成对的两组变量的观察值分别由小到大编出秩次数字相同时，取平均秩次。记 x_i 的秩为 R_i（$i = 1, 2, \cdots, n$）、记 y_i 的秩为 S_i（$i = 1, 2, \cdots, n$），$d_i^2 = (R_i - S_i)^2$，$\bar{R} = \dfrac{1}{n} \sum\limits_{i=1}^{n} R_i$，$\bar{S} = \dfrac{1}{n} \sum\limits_{i=1}^{n} S_i$，则 $Spearman$ 等级相关系数定义为：

$$r_s = \frac{\sum\limits_{i=1}^{n}(R_i - \bar{R})(S_i - \bar{S})}{\sqrt{\sum\limits_{i=1}^{n}(R_i - \bar{R})^2 \cdot \sum\limits_{i=1}^{n}(S_i - \bar{S})^2}} \tag{9.6}$$

如果有没有打结时（x_i 或 y_i 中出现秩次相同时叫打结），r_s 的公式计算为：

$$r_s = 1 - \frac{6\sum\limits_{i=1}^{n} d_i^{\,2}}{n^3 - n} \tag{9.7}$$

例 9.4 某市为了调查 10 个社区的乒乓球台数（张）与居民参与乒乓球运动的参与率（％）情况，见表9.4，试问乒乓球台数和居民参与乒乓球运动是否有关？

表 9.4 等级相关系数计算表

社区	乒乓球台(x)	参与率(y)	$R_i(x)$	$S_i(y)$	d_i	d_i^2
1	33	17	3	2	1	1
2	52	24	10	8.5	1.5	2.25
3	22	13	1	1	0	0
4	42	27	6	10	−4	16
5	35	19	4	5	−1	1
6	49	23	9	7	2	4
7	31	18	2	3.5	−1.5	2.25
8	39	18	5	3.5	1.5	2.25
9	45	24	8	8.5	−0.5	0.25
10	43	20	7	6	1	1
$\sum$						30

解：分别将 10 个社区的乒乓球台数、居民参与乒乓球运动的参与率列出秩次，并计算，如表9.4所示：

$$\sum d_i^2 = 30, n = 10$$

$$r_s = 1 - \frac{6\sum_{i=1}^{n} d_i^2}{n^3 - n} = 1 - \frac{6 \times 30}{10^3 - 10} = 0.828$$

对总体相关系数 ρ_s 作假设检验，根据样本含量 n 的大小有两种方法。

1. 当 $n \leqslant 50$，用查表法，利用样本含量 n 查等级相关系数 r_s 界值表（附表 8）

若 $|r_s| \geqslant r_{s(\alpha,n)}$，$P \leqslant \alpha$，说明两变量间存在相关关系；

若 $|r_s| < r_{s(\alpha,n)}$，$P > \alpha$，说明两变量间不存在相关关系；

本例 $r_s = 0.828$，查 r_s 界值表 $r_{s(0.01,10)} = 0.794$，$r_s > r_{s(0.01,10)}$，$P < 0.01$，说明社区乒乓球台数与居民参与乒乓球运动的参与率间存在正相关关系。

2. 当 $n > 50$ 时，用 t 检验，按式（9.8）计算统计量 t 值

$$t_{r_s} = \frac{r_s}{\sqrt{\dfrac{1 - r_s^2}{n-2}}} \tag{9.8}$$

第二节 一元线性回归

一、一元线性回归的概念

一元线性回归(linear regression)作为回归分析(regression)中的一种与相关分析一样，也是研究现象之间相关关系的一种基本方法。相关分析是利用一个指标(相关系数)来表明现象之间相互依存关系的密切程度。而回归分析，是根据相关关系的具体形态，在变量 x 与变量 y 具有相关关系的基础上建立一个合适的数学模型(回归方程)，并根据这一数学模型用自变量 x 去推测因变量 y，这一分析过程称为回归分析。

在回归分析中，变量 x 决定变量 y 的变化，因此称 x 为自变量，称 y 为因变量。如果回归分析只有一个自变量，称为一元回归；如果有两个及两个以上的自变量，称为多元回归。如果变量间的关系是线性的，称为线性回归；如果变量间的关系不是线性的，称为非线性回归。

一元线性回归也称为直线回归，是回归分析中最基本、最简单的一种，其回归方程称为一元线性回归方程(如图 9.2 所示)。

方程的表达式为

$$\hat{y} = a + bx \tag{9.9}$$

式中，$\hat{y}$ 是给定 x 时 y 的估计值；a 为回归常数，表示回归直线的截距，b 为回归系数，表示回归直线的斜率。回归系数 b 反映了自变量 x 对因变量 y 的线性影响，这样的回归称为 y 在 x 的回归。

方程 $\hat{y} = a + bx$ 所表示的直线，是 n 个散点的一条拟合直线，它是针对散点图找出的一条能代表两变量 x 与 y 之间的关系的最佳直线，亦即使各点与这条最佳直线的纵向距离最近，从数学意义上说，就是使离差 $y - \hat{y}$ 的平方和 $\sum (y - \hat{y})^2$ 达到最小，若令 $Q = \sum (y - \hat{y})^2$，则称 Q 为剩余离差平方和，则根据"最小二乘法原理"可得直线回归方程中的回归系数 b 和回归常数 a 的计算公式分别为：

$$b = \frac{L_{xy}}{L_{xx}} = \frac{\sum xy - (\sum x \sum y)/n}{\sum x^2 - (\sum x)^2/n} \tag{9.10}$$

$$a = \bar{y} - b\bar{x} \tag{9.11}$$

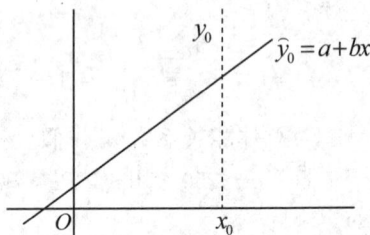

图 9.2 一元线性回归

其中 $\bar{x}$、$\bar{y}$ 分别为变量 x、y 的算术平均数，L_{xx}、L_{xy} 在相关系数计算中已由式(9.2)、式(9.4)中求得。

二、一元线性回归的计算方法

例 9.5 计算例 9.1 中 x 对 y 的一元线性回归方程。

解：已从例 9.1 中求解 $L_{xx}=629.644$，$L_{xy}=816.7$，$\sum x=554.7$，$\sum y=2275.0$，$n=15$，$\bar{x}=36.98$，$\bar{y}=151.6667$

将相应数据代入公式计算 b 和 a

$$b=\frac{L_{xy}}{L_{xx}}=\frac{816.7}{629.644}=1.297$$

$$a=\bar{y}-b\bar{x}=151.6667-1.297\times36.98=103.70$$

代入式(9.9)，得回归方程

$$\hat{y}=103.701+1.297x$$

三、一元线性回归效果分析

由样本求得的回归方程是否有意义，在使用时要对其估计效果进行分析评价。其中最主要的是对方程的可靠性和估计值的精确性进行分析。

(一)可靠性分析

一元线性回归是利用变量 x 对另一个变量 y 的变化情况作出估计的统计方法，方程的可靠性取决于方程中因变量 y 的变化在多大程度上能被自变量 x 所反映。对此回归方程的可靠性分析，本质上是检验 x 与 y 之间是否存在线性相关关系而定，常用的检验方法有两种，一是相关系数检验法；二是方差分析法。

1. 相关系数检验法

由于在一元线性回归方程中只含有一个自变量、一个因变量，而相关系数恰好可以表示两变量间的相互影响作用，因此，对于一元线性回归方程，如果 x、y 间的相关系数 r 经检验具有显著意义，则说明存在着变量 x 对 y 的影响作用，因此，回归方程就一定具有显著意义，可以称该方程是可靠的。

例 9.6 以例 9.5 所建立的回归方程为例，利用相关系数检验法进行可靠性分析。

解：已从例 9.1 中求解 $r=0.842185$

根据自由度 $n'=n-2=15-2=13$

查相关系数临界值表，得：$r_{0.05}=0.514$，$r_{0.01}=0.641$，$r_{0.001}=0.760$

由于 $r>r_{0.001}$，故 $P<0.001$。可以认定 13 岁男孩体重与身高之间的线性相关关系非常显著，或建立的一元线性回归方程具有高度显著性。

2. 方差分析法

方差分析法较相关系数法计算量大，并且较复杂，但由于该方法可以推广应用于曲线回归和多元回归分析中，因此更具有普遍意义。

方差分析法利用离均差平方和的可分解性，将总的离均差平方和 $\sum(y-\bar{y})^2$（记作 $L_{总}$）分解成回归偏差平方和 $\sum(\hat{y}-\bar{y})^2$，简称回归平方和，符号 U，残差平方和 $\sum(y-\hat{y})^2$，也就是我们前面所称的剩余离差平方和，符号 Q，即

$$L_{总}=U+Q \tag{9.12}$$

其中 U 反映由 x 与 y 之间的线性关系而引起的 y_i 变异程度的大小；Q 反映的是 x 与 y 的线性关系以外的其他随机应变因素所引起的 y_i 变异程度的大小。U、Q 的计算公式为：

$$U=\frac{L_{xy}^2}{L_{xx}}=b \cdot L_{xy} \tag{9.13}$$

$$Q=L_{yy}-\frac{L_{xy}^2}{L_{xx}}=L_{yy}-U \tag{9.14}$$

由 U、Q 的含义可知，U 值越大或 U 值在 $L_{总}$ 中所占的比例越大，则回归方程的效果越好。U 值在 $L_{总}$ 中的比例是否足够大，是否大到具有显著性，可以利用 F 检验法进行检验。在总体回归系数 $\beta=0$ 的假设成立时，统计量：

$$F=\frac{U}{Q/(n-2)} \sim F(1, n-2) \tag{9.15}$$

具体计算过程可列方差分析表（如表 9.5 所示），并计算表中各项。

表 9.5　一元回归方程方差分析表

来源	平方和	自由度	方差	F 值
回归	$U=L_{xy}^2/L_{xx}$	1	U	$(n-2)U/Q$
剩余	$Q=L_{yy}-U$	$n-2$	$Q/(n-2)$	
总和	$L_{总}=U+Q$	$n-1$		

其中，U 的自由度为 1，Q 的自由度为 $n-2$。对于给定的显著性水平 α，自由度为 $(1, n-2)$，查 F 分布表得临界值 F_α。与表 9.5 中的 F 值比较后得出检验结论：

$$F<F_{0.05} \quad P>0.05 \quad 不具显著性$$

$$F_{0.05} \leqslant F<F_{0.01} \quad P \leqslant 0.05 \quad 具显著性$$

$$F \geqslant F_{0.01} \quad P \leqslant 0.01 \quad 具高度显著性$$

以上检验结论中所说的显著性就是方程可靠程度。因此，如果 $P>0.05$ 说明方程不可靠，无实际意义；如果 $P\leqslant0.05$，则表示方程可靠，可以在实践中应用；如果 $P\leqslant0.01$，则表示方程的可靠程度更高。

例 9.7 以例 9.5 所建立的回归方程为例，利用方差分析法进行可靠性分析。

解：已知：$L_{yy}=1493.533$，$L_{xy}=816.7$，$b=1.297$，$n=15$

因此

$U=1.297\times816.7=1059.327$

$Q=1493.533-1.297\times816.7=434.206$

列方差分析表并计算如下：

来源	平方和	自由度	方差	F 值
回归	1059.327	1	1059.327	31.716
剩余	434.206	13	33.400	
总和	1493.533	14		

确定检验显著性水平，用 $n'_1=1$，$n'_2=13$，查 F 界值表，得 $F_{0.01}(1,13)=9.07$

$F>F_{0.01}$　$P<0.01$　由此可以认定方程具高度显著性。

此结论和相关关系数检验法的结论相同。

(二)回归方程的预测精度

回归方程经检验具有显著性后即可被用于对因变量 y 的估计。在变量的取值范围内任取一个 x 值，代入回归方程，即可求出一实测值 y 的估计值 $\hat{y}$。由于其他随机因素的影响，y 与 $\hat{y}$ 之间存在差异，这种差异的大小，反映了回归方程的估计精度。

在对回归方程进行精度分析时，经常使用被称为剩余标准差的统计指标。剩余标准差用 S_y 表示，其计算公式为：

$$S_y=\sqrt{\frac{Q}{n-2}}=\sqrt{\frac{L_{yy}-b\cdot L_{xy}}{n-2}} \tag{9.16}$$

对于一个回归方程，S_y 越小，方程对 y 的估计精度越高；S_y 越大，方程对 y 的估计精度越低。

根据正态分布的原理，对确定的 x 值，y 的分布范围为：

95% 的实测值 y 分布的范围为：$(\hat{y}-1.96S_y，\hat{y}+1.96S_y)$；

99% 的实测值 y 分布的范围为：$(\hat{y}-2.58S_y，\hat{y}+2.58S_y)$。

例 9.8 以例 9.5 为例，预测体重为 40kg 的人的身高情况。

根据已建立的回归方程，当 $x=40$ 时，

$\hat{y}=103.701+1.297x=103.70+1.297\times 40=155.58$

$$S_y=\sqrt{\frac{Q}{n-2}}=\sqrt{\frac{434.206}{13}}=5.779$$

$\alpha=0.05$ 时，得到身高取值 95%的置信区间为：

(155.58－1.96×5.779，155.58＋1.96×5.779)＝(144.26，166.91)

第三节　用 Excel 软件进行相关与回归实例

当数据量很大时，手工做相关与回归是非常烦琐的，可以 Excel 进行相关与回归计算相应指标。

一、用 Excel 计算相关系数

在 Excel 中，可用相关系数函数和数据分析工具两种方法求相关系数。

(一)函数计算

关于相关系数的计算，在 Excel 中利用函数 CORREL 函数就可以非常方便地求解相关系数。

在 Excel 中利用函数 CORREL 求相关系数。

CORREL 函数的语法规则如下：

CORREL(array1，array2)

Array1 第一组数值单元格区域

Array2 第二组数值单元格区域

例 9.9　以例 9.1 为例(光盘例 9.9)，计算相关系数。

操作步骤：

1. 输入数据(B2：C16)，如图 9.3 所示；

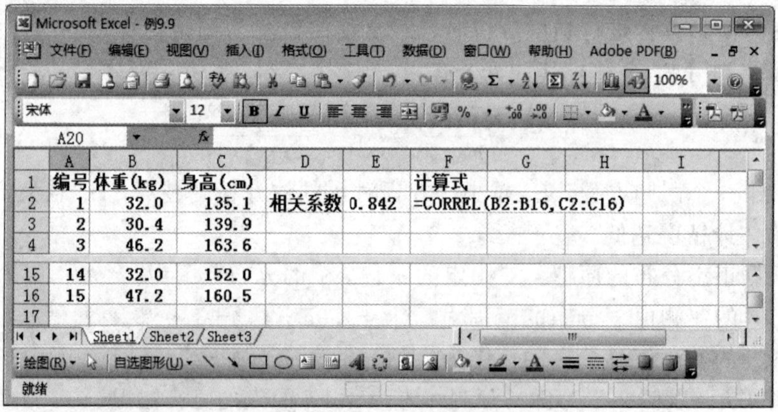

	A	B	C	D	E	F
1	编号	体重(kg)	身高(cm)			计算式
2	1	32.0	135.1	相关系数	0.842	=CORREL(B2:B16,C2:C16)
3	2	30.4	139.9			
4	3	46.2	163.6			
15	14	32.0	152.0			
16	15	47.2	160.5			
17						

图 9.3　相关系数计算式及结果

2. 单击存放相关系数的单元格 E2，使其成为活动单元格，在单元格中输入：＝CORREL(B2：B16，C2：C16)，输入的计算式将在公式、函数、数值编辑区显示，然后按回车键，结果为 0.842。

（二）数据分析工具计算

例 9.10 以例 9.1 为例（光盘例 9.10），计算相关系数。

操作步骤：

1. 输入数据(B2：C16)，如图 9.4 所示。

图 9.4　相关系数计算数据

2. 单击 Excel"工具"菜单，在其下拉菜单中选择"数据分析"，弹出数据分析对话框，如图 9.5 所示。

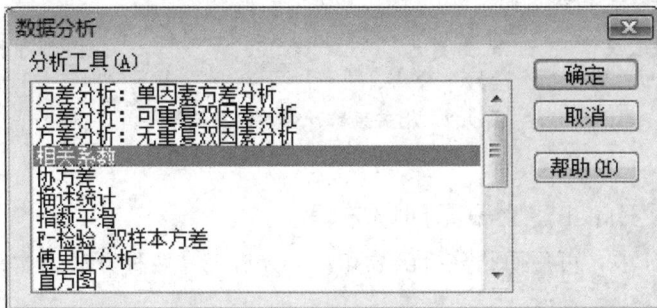

图 9.5　"数据分析"对话框

3. 在数据分析对话框中，选择"相关系数"，单击"确定"按钮，弹出相关系数对话框，如图 9.6 所示。

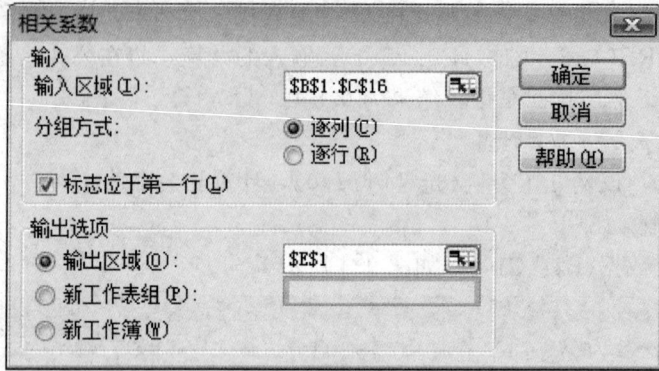

图 9.6 "相关系数"对话框

4. 输入计算相关系数的有关选项，单击"确定"按钮，则在所选区域中输出计算结果，如图 9.7 所示。

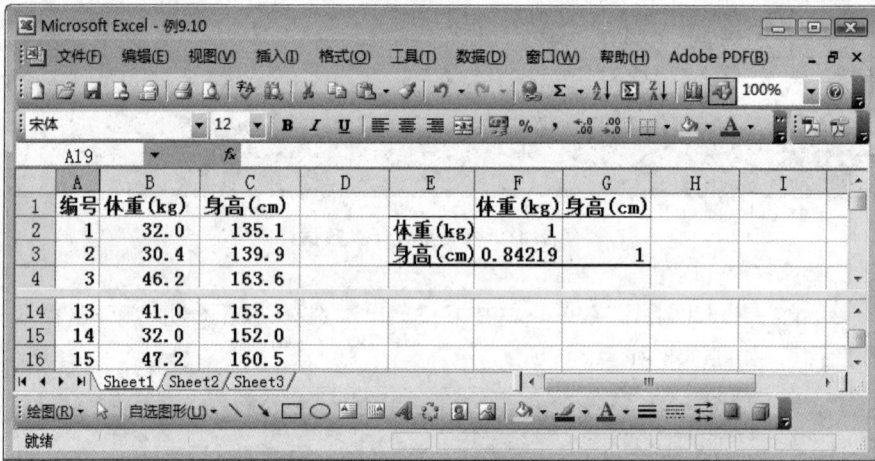

图 9.7 相关系数计算数据及结果

二、用 Excel 建立一元回归方程

在 Excel 中，可用回归分析函数和数据分析工具两种方法建立一元回归方程。

（一）函数建立一元回归方程

Excel 提供了 INTERCEPT、SLOPE、RSQ 和 FORECAST 4 个函数建立回归模型和回归预测。

表 9.6　回归分析函数的语法规则和作用

语 法 规 则	作 用
INTERCEPT(known_y's，known_x's)	返回线性回归线的截距 a
SLOPE(known_y's，known_x's)	返回线性回归线的斜率 b
RSQ(known_y's，known_x's)	返回 Pearson 乘积矩相关系数的平方(r^2)
FORECAST(x，known_y's，known_x's)	返回线性预测值

表中 Known_y's 为因变量数组或数据区域；

Known_x's 为自变量数组或数据区域；

x 为一个数据点，想要得到在该点处的预测值。

例 9.11　以例 9.1 为例(光盘例 9.11)，用 Excel 建立一元回归方程，并以例 9.8 为例预测体重为 40 kg 的人的身高情况。

操作步骤：

1. 输入数据(B2：C16)，如图 9.8 所示；

2. 在单元格 E3、E4 和 E5 中输入相应的公式(图 9.8)，即可完成相应的计算；

3. 计算结果：$\hat{y}=103.701+1.297x$，$r^2=0.709$，当体重为 40 kg 时估计其身高为 155.584 cm。

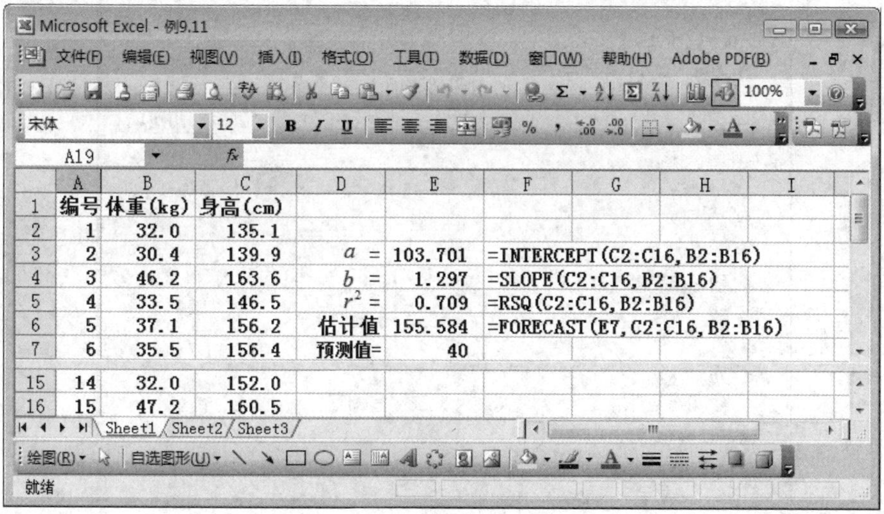

图 9.8　回归分析数据及结果

(二)数据分析工具计算

例 9.12　以例 9.1 为例(光盘例 9.12)，用 Excel 数据分析工具建立一元回归方程，并以例 9.8 为例预测体重为 40 kg 的人的身高情况。

操作步骤：

1. 输入数据(B2：C16)，单击 Excel"工具"菜单，在其下拉菜单中选择"数据分析"弹出数据分析对话框，如图 9.9 所示；

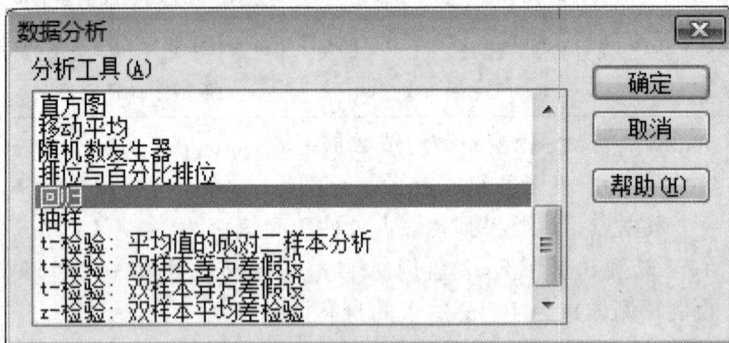

图 9.9 "数据分析"对话框

2. 在数据分析对话框中，选择"回归"过程，再单击"确定"按钮，弹出回归对话框，如图 9.10 所示；

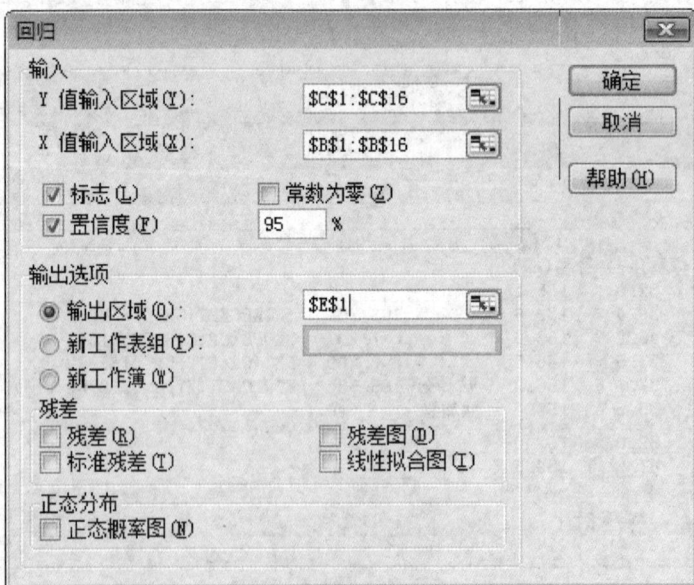

图 9.10 "回归"对话框

3. 在回归对话框中输入相应的数据，单击"确定"按钮，则在所选区域里输出计算结果，如图 9.11 所示。

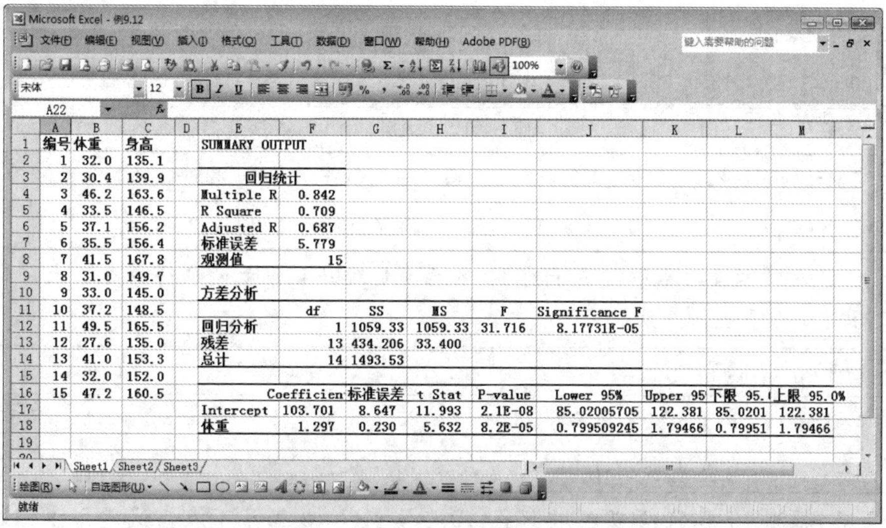

	A	B	C	D	E	F	G	H	I	J	K	L	M
1	编号	体重	身高		SUMMARY OUTPUT								
2	1	32.0	135.1										
3	2	30.4	139.9		回归统计								
4	3	46.2	163.6		Multiple R	0.842							
5	4	33.5	146.5		R Square	0.709							
6	5	37.1	156.2		Adjusted R	0.687							
7	6	35.5	156.4		标准误差	5.779							
8	7	41.5	167.8		观测值	15							
9	8	31.0	149.7										
10	9	33.0	145.0		方差分析								
11	10	37.2	148.5			df	SS	MS	F	Significance F			
12	11	49.5	165.5		回归分析	1	1059.33	1059.33	31.716	8.17731E-05			
13	12	27.6	135.0		残差	13	434.206	33.400					
14	13	41.0	153.3		总计	14	1493.53						
15	14	32.0	152.0										
16	15	47.2	160.5			Coefficien	标准误差	t Stat	P-value	Lower 95%	Upper 95	下限 95.(	上限 95.0%
17					Intercept	103.701	8.647	11.993	2.1E-08	85.02005705	122.381	85.0201	122.381
18					体重	1.297	0.230	5.632	8.2E-05	0.799509245	1.79466	0.79951	1.79466

图 9.11 回归分析数据及结果

图 9.11 输出结果说明：

Multiple R：相关系数 r；　R Square：决定系数 r^2；　Adjusted R：校正的决定系数 r^2；　标准误差：剩余标准差 S_y；　观测值：样本含量 n；　df：自由度；　SS：平方和；　MS：方差 S^2；　F：F 值；　Significance F：概率 P；　62.234 为截距 a；　2.409 为回归系数 b

依据 Excel 函数计算结果，得一元线性回归方程：

$\hat{y}=62.234+2.409x$，$F=199.419$，$P<0.01$，回归模型具有统计学意义。与前面手工计算结果之差为四舍五入误差所致。

练习与思考

1. 相关分析与回归分析之间的区别与联系，以及它们所要解决的主要问题是什么？

2. 简述积差相关系数与等级相关系数应用的条件。

3. 为研究大学男生立定跳远与 100 m 跑训练之间的关系，随机抽测 24 名大学男生立定跳远和 100 m 跑成绩(如下)，求其相关系数并作显著性检验。($\alpha=0.05$)

序号	1	2	3	4	5	6	7	8	9	10	11	12
立定跳远(cm)	249	260	220	225	215	230	220	238	210	200	240	210
100 m 跑(s)	13.0	12.2	13.7	13.3	14.7	13.1	14.6	12.6	15.3	15.3	12.0	14.4
序号	13	14	15	16	17	18	19	20	21	22	23	24
立定跳远(cm)	220	210	239	207	245	210	225	230	225	241	249	260
100 m 跑(s)	13.0	14.1	13.5	14.1	12.6	14.7	13.5	12.9	12.8	12.4	13.0	12.0

4. 某次体操比赛中，男子前 10 名运动员跳马和单杠两项得分见下表，试求两项目的等级相关系数。

编号	1	2	3	4	5	6	7	8	9	10
跳马 x	9.00	8.90	8.90	8.90	8.85	8.85	8.80	8.80	8.80	8.80
单杠 y	9.25	9.15	9.10	8.95	9.10	9.10	8.85	8.70	9.10	9.10

5. 抽测 10 名 15 岁男生的身高(x)与体重(y)数据见下表，试建立一元线性回归方程，作回归问题的方差分析($\alpha=0.05$)；若某男生的身高 150 cm 时，试推测其体重是多少，并求出推测的 95% 置信区间。

编号	1	2	3	4	5	6	7	8	9	10
身高(cm)	157	167	147	158	155	156	159	160	158	163
体重(kg)	46	55	41	46	42	45	43	47	44	49

第十章 常用统计表与统计图

本 章 概 要

本章着重介绍统计中常见的统计表和统计图。

学习目标

了解常用的统计图表的结构和类型。

关键术语

统计表 统计图

统计表(statistical table)是表达统计分析结果中数据和统计指标的表格形式,统计图(statistical graph)是用点、线、面等各种几何图形来形象化表达统计数据。统计表和统计图是统计描述的重要方法,也是科研论文中数据表达的主要工具。

第一节 统计表

一、统计表的意义与制作原则

1. 统计表的意义

统计表用简明的表格形式,有条理地罗列数据和统计量,方便比较和计算。在统计描述过程中,统计表展示统计数据的结构、分布和主要特征,便于在进一步分析中选择和计算统计量。将资料填写入表,能代替冗长的文字叙述,使结果一目了然。通过统计表,可以对总体现象从多方面对照比较,了解总体现象或过程的内在联系。

2. 制表原则

统计表的外形和一般表格一样,由纵横交叉的线条绘制而成,横向称为行,纵向称为栏。统计表的编制原则首先是重点突出,一张表一般表达一个中心内容。其次,统计表有描述的对象和内容。通常将描述对象放在表的左边,作为横标目;描述内容放在右边,作为纵标目。在统计表中一切文字、数字和线条尽量从简。

3. 制表基本要求

(1)标题：概括表的主要内容，包括研究的时间、地点和研究内容，放在表的上方；

(2)标目：分别用横标目和纵标目说明表格每行和每列数字的意义，注意标明指标的单位；

(3)线条：至少用三条线，表格的顶线和底线将表格与文章的其他部分分隔开来，纵标目下横线将标目的文字区与表格的数字区分隔开来；

(4)数字：用阿拉伯数字表示。无数字用"—"表示，缺失数字用"…"表示；

(5)表中数字区不要插入文字，必须说明"＊"在表下方说明。

表 10.1　统计表的结构

表号　　标题

表头 { 横标目 总标目	总标目			总标目		
	纵标目	纵标目	…	纵标目	纵标目	…
表头 { 横标目 ⋮ ⋮ 合计	××× ×× ⋮ ×××	××× ⋮ ×××			××× ×× ⋮ ×××	××× ×× ⋮ ×××

二、统计表的种类

统计表包括简单表、组合表、频数分布表和列联表等，其中频数分布表在第二章已作介绍，列联表在前面也有介绍，这里主要介绍简单表和组合表。

1. 简单表

简单表，统计表的主语只有一个层次，称为简单表，如表 10.2 所示。

表 10.2　某学院新生年龄构成情况表

新生年龄（岁）	学生数（人）
17	100
18	358
19	467
20	219
21	87
22	4

2. 组合表

组合表，统计表的主语有两个以上层次，称组合表，如表 10.3 所示。

表 10.3　布依族 7～12 岁男生 2000 年与 1991 年各年龄组身高、体重比较($\bar{x} \pm s$)

年龄 (岁)	身高/cm			体重/kg		
	2000 年	1991 年	差值	2000 年	1991 年	差值
7	115.37±5.13	113.70±4.68	1.67	19.72±2.72	18.74±2.14	0.98
8	121.04±5.11	118.60±5.13	2.44	22.03±2.92	20.59±2.35	1.44
9	125.81±5.39	122.40±5.58	3.41	23.85±3.45	21.98±2.81	1.87
10	129.69±6.27	126.70±6.30	2.99	25.61±4.20	24.21±3.46	1.40
11	135.22±6.44	133.00±7.07	2.22	29.15±5.00	27.36±4.42	1.79
12	139.64±8.16	139.20±9.22	0.44	31.53±5.97	31.39±6.32	0.14

第二节　统计图

一、统计图的意义与制作原则

1. 统计图的意义

统计图将统计数据形象化，让读者更易领会统计资料的核心内容，易于做分析比较。体育统计中应用统计图表达分析结果，对读者更有吸引力。但统计图只能提供概略的情况，而不能获得确切数值，因此不能完全代替统计表，常需要同时列出统计表作为统计图的数据依据。

2. 制图原则

统计图的编制原则首先根据资料性质和分析目的来正确选用适当的统计图。如分析比较独立的、不连续的、无数量关系的多个组或多个类别的统计量宜选用条形图，分析某指标随时间或其他连续变量变化而变化的趋势宜选用线图，描述某数值变量资料的频数分布宜选用直方图，描述事物内部构成时用饼图。与统计表相似，统计图应有标题并放在图的下方。

二、常用的统计图

体育统计实践中常用的统计图有条形图、饼图、线图和直方图。各种图的适用范围不同，一般离散型变量的资料多采用条形图和饼图，连续型变量的资料多采用线图和直方图。

1. 条形图

条形图(bar chart)用相同宽度的条形长短或高度来表示相互独立的某统

计指标值的大小。它是统计中最常用的图形，常用来表现同类指标的对比关系。图 10.1 就是条形图的一个例子。

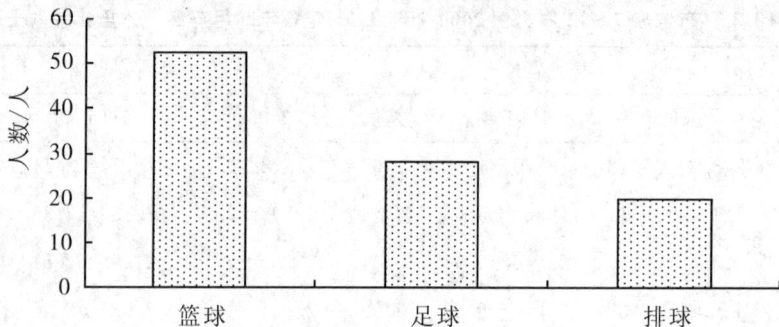

图 10.1　某社区三大球参与人数情况

2. 饼图

饼图（pie chart）又称扇形图或圆形图。它是以圆的整体面积代表被研究现象的全体，按各构成部分占全体比重的大小把圆面积分割成若干扇形来表示现象的部分与全体的比例关系的统计图。图 10.2 就是饼图的一个例子。

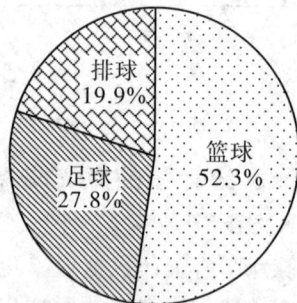

图 10.2　某社区三大球参与人数情况

3. 线图

线图（line graph），又称线形图或曲线图。它是用线段的升降来说明现象变动情况的一种统计图。图 10.3 就是线图的一个例子。

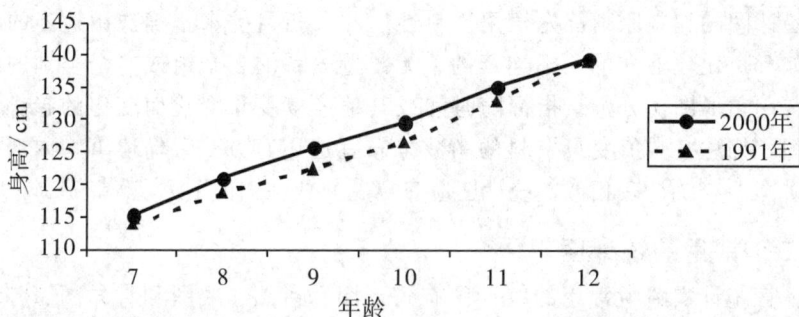

图 10.3　布依族 7～12 岁男生 2000 年与 1991 年各年龄组身高比较

4. 直方图

直方图(histogram)是以一组无间隔的条形图来表现频数分布特征的统计图。直方图的第一条形高度分别代表相应组别的频数。图 10.4 就是直方图的一个例子。

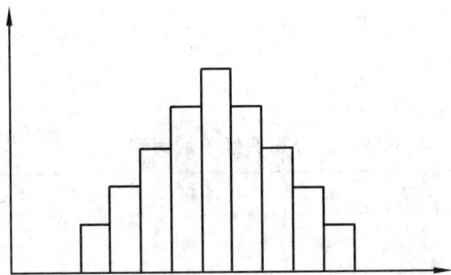

图 10.4　100 名男生原地纵跳成绩直方图

>>>>>>>>>>>>>>>>>>>>>>> 练习与思考 <<<<<<<<<<<<<<<<<<<<<<<

1. 统计表有哪些作用，如何设计统计表？

2. 某年级对 240 名学生家长的职业调查结果如下：公务员 58 人；医生 26 人，军人 15 人，工人 90 人，个体工商业主 44 人；教师 7 人，请绘制一个条形图和一个饼图。

附　表

附表 1　　　标准正态分布曲线下的面积

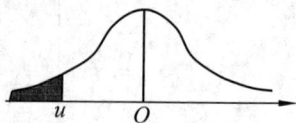

u	0.00	0.01	0.02	0.03	0.04	0.05	0.06	0.07	0.08	0.09
−3.0	.0013	.0013	.0013	.0012	.0012	.0011	.0011	.0011	.0010	.0010
−2.9	.0019	.0018	.0018	.0017	.0016	.0016	.0015	.0015	.0014	.0014
−2.8	.0026	.0025	.0024	.0023	.0023	.0022	.0021	.0021	.0020	.0019
−2.7	.0035	.0034	.0033	.0032	.0031	.0030	.0029	.0028	.0027	.0026
−2.6	.0047	.0045	.0044	.0043	.0041	.0040	.0039	.0038	.0037	.0036
−2.5	.0062	.0060	.0059	.0057	.0055	.0054	.0052	.0051	.0049	.0048
−2.4	.0082	.0080	.0078	.0075	.0073	.0071	.0069	.0068	.0066	.0064
−2.3	.0107	.0104	.0102	.0099	.0096	.0094	.0091	.0089	.0087	.0084
−2.2	.0139	.0136	.0132	.0129	.0125	.0122	.0119	.0116	.0113	.0110
−2.1	.0179	.0174	.0170	.0166	.0162	.0158	.0154	.0150	.0146	.0143
−2.0	.0228	.0222	.0217	.0212	.0207	.0202	.0197	.0192	.0188	.0183
−1.9	.0287	.0281	.0274	.0268	.0262	.0256	.0250	.0244	.0239	.0233
−1.8	.0359	.0351	.0344	.0336	.0329	.0322	.0314	.0307	.0301	.0294
−1.7	.0446	.0436	.0427	.0418	.0409	.0401	.0392	.0384	.0375	.0367
−1.6	.0548	.0537	.0526	.0516	.0505	.0495	.0485	.0475	.0465	.0455
−1.5	.0668	.0655	.0643	.0630	.0618	.0606	.0594	.0582	.0571	.0559
−1.4	.0808	.0793	.0778	.0764	.0749	.0735	.0721	.0708	.0694	.0681
−1.3	.0968	.0951	.0934	.0918	.0901	.0885	.0869	.0853	.0838	.0823
−1.2	.1151	.1131	.1112	.1093	.1075	.1056	.1038	.1020	.1003	.0985
−1.1	.1357	.1335	.1314	.1292	.1271	.1251	.1230	.1210	.1190	.1170
−1.0	.1587	.1562	.1539	.1515	.1492	.1469	.1446	.1423	.1401	.1379
−0.9	.1841	.1814	.1788	.1762	.1736	.1711	.1685	.1660	.1635	.1611
−0.8	.2119	.2090	.2061	.2033	.2005	.1977	.1949	.1922	.1894	.1867
−0.7	.2420	.2389	.2358	.2327	.2296	.2266	.2236	.2206	.2177	.2148
−0.6	.2743	.2709	.2676	.2643	.2611	.2578	.2546	.2514	.2483	.2451
−0.5	.3085	.3050	.3015	.2981	.2946	.2912	.2877	.2843	.2810	.2776
−0.4	.3446	.3409	.3372	.3336	.3300	.3264	.3228	.3192	.3156	.3121
−0.3	.3821	.3783	.3745	.3707	.3669	.3632	.3594	.3557	.3520	.3483
−0.2	.4207	.4168	.4129	.4090	.4052	.4013	.3974	.3936	.3897	.3859
−0.1	.4602	.4562	.4522	.4483	.4443	.4404	.4364	.4325	.4286	.4247
−0.0	.5000	.4960	.4920	.4880	.4840	.4801	.4761	.4721	.4681	.4641

u	0.00	0.01	0.02	0.03	0.04	0.05	0.06	0.07	0.08	0.09
0.0	.5000	.5040	.5080	.5120	.5160	.5199	.5239	.5279	.5319	.5359
0.1	.5398	.5438	.5478	.5517	.5557	.5596	.5636	.5675	.5714	.5753
0.2	.5793	.5832	.5871	.5910	.5948	.5987	.6026	.6064	.6103	.6141
0.3	.6179	.6217	.6255	.6293	.6331	.6368	.6406	.6443	.6480	.6517
0.4	.6554	.6591	.6628	.6664	.6700	.6736	.6772	.6808	.6844	.6879
0.5	.6915	.6950	.6985	.7019	.7054	.7088	.7123	.7157	.7190	.7224
0.6	.7257	.7291	.7324	.7357	.7389	.7422	.7454	.7486	.7517	.7549
0.7	.7580	.7611	.7642	.7673	.7704	.7734	.7764	.7794	.7823	.7852
0.8	.7881	.7910	.7939	.7967	.7995	.8023	.8051	.8078	.8106	.8133
0.9	.8159	.8186	.8212	.8238	.8264	.8289	.8315	.8340	.8365	.8389
1.0	.8413	.8438	.8461	.8485	.8508	.8531	.8554	.8577	.8599	.8621
1.1	.8643	.8665	.8686	.8708	.8729	.8749	.8770	.8790	.8810	.8830
1.2	.8849	.8869	.8888	.8907	.8925	.8944	.8962	.8980	.8997	.9015
1.3	.9032	.9049	.9066	.9082	.9099	.9115	.9131	.9147	.9162	.9177
1.4	.9192	.9207	.9222	.9236	.9251	.9265	.9279	.9292	.9306	.9319
1.5	.9332	.9345	.9357	.9370	.9382	.9394	.9406	.9418	.9429	.9441
1.6	.9452	.9463	.9474	.9484	.9495	.9505	.9515	.9525	.9535	.9545
1.7	.9554	.9564	.9573	.9582	.9591	.9599	.9608	.9616	.9625	.9633
1.8	.9641	.9649	.9656	.9664	.9671	.9678	.9686	.9693	.9699	.9706
1.9	.9713	.9719	.9726	.9732	.9738	.9744	.9750	.9756	.9761	.9767
2.0	.9772	.9778	.9783	.9788	.9793	.9798	.9803	.9808	.9812	.9817
2.1	.9821	.9826	.9830	.9834	.9838	.9842	.9846	.9850	.9854	.9857
2.2	.9861	.9864	.9868	.9871	.9875	.9878	.9881	.9884	.9887	.9890
2.3	.9893	.9896	.9898	.9901	.9904	.9906	.9909	.9911	.9913	.9916
2.4	.9918	.9920	.9922	.9925	.9927	.9929	.9931	.9932	.9934	.9936
2.5	.9938	.9940	.9941	.9943	.9945	.9946	.9948	.9949	.9951	.9952
2.6	.9953	.9955	.9956	.9957	.9959	.9960	.9961	.9962	.9963	.9964
2.7	.9965	.9966	.9967	.9968	.9969	.9970	.9971	.9972	.9973	.9974
2.8	.9974	.9975	.9976	.9977	.9977	.9978	.9979	.9979	.9980	.9981
2.9	.9981	.9982	.9982	.9983	.9984	.9984	.9985	.9985	.9986	.9986
3.0	.9987	.9987	.9987	.9988	.9988	.9989	.9989	.9989	.9990	.9990

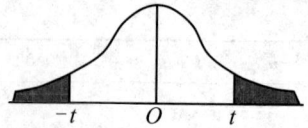

附表 2　　t 分布临界值表

自由度 n'	概率，P									
单侧：	0.25	0.20	0.10	0.05	0.025	0.01	0.005	0.0025	0.001	0.0005
双侧：	0.50	0.40	0.20	0.10	0.05	0.02	0.01	0.005	0.002	0.001
1	1.0000	1.3764	3.0777	6.3138	12.7062	31.821	63.657	127.32	318.309	636.619
2	0.8165	1.0607	1.8856	2.9200	4.3027	6.9646	9.9248	14.089	22.3271	31.5991
3	0.7649	0.9785	1.6377	2.3534	3.1824	4.5407	5.8409	7.4533	10.2145	12.9240
4	0.7407	0.9410	1.5332	2.1318	2.7764	3.7469	4.6041	5.5976	7.1732	8.6103
5	0.7267	0.9195	1.4759	2.0150	2.5706	3.3649	4.0321	4.7733	5.8934	6.8688
6	0.7176	0.9057	1.4398	1.9432	2.4469	3.1427	3.7074	4.3168	5.2076	5.9588
7	0.7111	0.8960	1.4149	1.8946	2.3646	2.9980	3.4995	4.0293	4.7853	5.4079
8	0.7064	0.8889	1.3968	1.8595	2.3060	2.8965	3.3554	3.8325	4.5008	5.0413
9	0.7027	0.8834	1.3830	1.8331	2.2622	2.8214	3.2498	3.6897	4.2968	4.7809
10	0.6998	0.8791	1.3722	1.8125	2.2281	2.7638	3.1693	3.5814	4.1437	4.5869
11	0.6974	0.8755	1.3634	1.7959	2.2010	2.7181	3.1058	3.4966	4.0247	4.4370
12	0.6955	0.8726	1.3562	1.7823	2.1788	2.6810	3.0545	3.4284	3.9296	4.3178
13	0.6938	0.8702	1.3502	1.7709	2.1604	2.6503	3.0123	3.3725	3.8520	4.2208
14	0.6924	0.8681	1.3450	1.7613	2.1448	2.6245	2.9768	3.3257	3.7874	4.1405
15	0.6912	0.8662	1.3406	1.7531	2.1314	2.6025	2.9467	3.2860	3.7328	4.0728
16	0.6901	0.8647	1.3368	1.7459	2.1199	2.5835	2.9208	3.2520	3.6862	4.0150
17	0.6892	0.8633	1.3334	1.7396	2.1098	2.5669	2.8982	3.2224	3.6458	3.9651
18	0.6884	0.8620	1.3304	1.7341	2.1009	2.5524	2.8784	3.1966	3.6105	3.9216
19	0.6876	0.8610	1.3277	1.7291	2.0930	2.5395	2.8609	3.1737	3.5794	3.8834
20	0.6870	0.8600	1.3253	1.7247	2.0860	2.5280	2.8453	3.1534	3.5518	3.8495
21	0.6864	0.8591	1.3232	1.7207	2.0796	2.5176	2.8314	3.1352	3.5272	3.8193
22	0.6858	0.8583	1.3212	1.7171	2.0739	2.5083	2.8188	3.1188	3.5050	3.7921
23	0.6853	0.8575	1.3195	1.7139	2.0687	2.4999	2.8073	3.1040	3.4850	3.7676
24	0.6848	0.8569	1.3178	1.7109	2.0639	2.4922	2.7969	3.0905	3.4668	3.7454
25	0.6844	0.8562	1.3163	1.7081	2.0595	2.4851	2.7874	3.0782	3.4502	3.7251
26	0.6840	0.8557	1.3150	1.7056	2.0555	2.4786	2.7787	3.0669	3.4350	3.7066
27	0.6837	0.8551	1.3137	1.7033	2.0518	2.4727	2.7707	3.0565	3.4210	3.6896
28	0.6834	0.8546	1.3125	1.7011	2.0484	2.4671	2.7633	3.0469	3.4082	3.6739
29	0.6830	0.8542	1.3114	1.6991	2.0452	2.4620	2.7564	3.0380	3.3962	3.6594
30	0.6828	0.8538	1.3104	1.6973	2.0423	2.4573	2.7500	3.0298	3.3852	3.6460

自由度 n'	概率，P									
单侧：	0.25	0.20	0.10	0.05	0.025	0.01	0.005	0.0025	0.001	0.0005
双侧：	0.50	0.40	0.20	0.10	0.05	0.02	0.01	0.005	0.002	0.001
31	0.6825	0.8534	1.3095	1.6955	2.0395	2.4528	2.7440	3.0221	3.3749	3.6335
32	0.6822	0.8530	1.3086	1.6939	2.0369	2.4487	2.7385	3.0149	3.3653	3.6218
33	0.6820	0.8526	1.3077	1.6924	2.0345	2.4448	2.7333	3.0082	3.3563	3.6109
34	0.6818	0.8523	1.3070	1.6909	2.0322	2.4411	2.7284	3.0020	3.3479	3.6007
35	0.6816	0.8520	1.3062	1.6896	2.0301	2.4377	2.7238	2.9960	3.3400	3.5911
36	0.6814	0.8517	1.3055	1.6883	2.0281	2.4345	2.7195	2.9905	3.3326	3.5821
37	0.6812	0.8514	1.3049	1.6871	2.0262	2.4314	2.7154	2.9852	3.3256	3.5737
38	0.6810	0.8512	1.3042	1.6860	2.0244	2.4286	2.7116	2.9803	3.3190	3.5657
39	0.6808	0.8509	1.3036	1.6849	2.0227	2.4258	2.7079	2.9756	3.3128	3.5581
40	0.6807	0.8507	1.3031	1.6839	2.0211	2.4233	2.7045	2.9712	3.3069	3.5510
41	0.6805	0.8505	1.3025	1.6829	2.0195	2.4208	2.7012	2.9670	3.3013	3.5442
42	0.6804	0.8503	1.3020	1.6820	2.0181	2.4185	2.6981	2.9630	3.2960	3.5377
43	0.6802	0.8501	1.3016	1.6811	2.0167	2.4163	2.6951	2.9592	3.2909	3.5316
44	0.6801	0.8499	1.3011	1.6802	2.0154	2.4141	2.6923	2.9555	3.2861	3.5258
45	0.6800	0.8497	1.3006	1.6794	2.0141	2.4121	2.6896	2.9521	3.2815	3.5203
46	0.6799	0.8495	1.3002	1.6787	2.0129	2.4102	2.6870	2.9488	3.2771	3.5150
47	0.6797	0.8493	1.2998	1.6779	2.0117	2.4083	2.6846	2.9456	3.2729	3.5099
48	0.6796	0.8492	1.2994	1.6772	2.0106	2.4066	2.6822	2.9426	3.2689	3.5051
49	0.6795	0.8490	1.2991	1.6766	2.0096	2.4049	2.6800	2.9397	3.2651	3.5004
50	0.6794	0.8489	1.2987	1.6759	2.0086	2.4033	2.6778	2.9370	3.2614	3.4960
60	0.6786	0.8477	1.2958	1.6706	2.0003	2.3901	2.6603	2.9146	3.2317	3.4602
70	0.6780	0.8468	1.2938	1.6669	1.9944	2.3808	2.6479	2.8987	3.2108	3.4350
80	0.6776	0.8461	1.2922	1.6641	1.9901	2.3739	2.6387	2.8870	3.1953	3.4163
90	0.6772	0.8456	1.2910	1.6620	1.9867	2.3685	2.6316	2.8779	3.1833	3.4019
100	0.6770	0.8452	1.2901	1.6602	1.9840	2.3642	2.6259	2.8707	3.1737	3.3905
200	0.6757	0.8434	1.2858	1.6525	1.9719	2.3451	2.6006	2.8385	3.1315	3.3398
300	0.6753	0.8428	1.2844	1.6499	1.9679	2.3388	2.5923	2.8279	3.1176	3.3233
500	0.6750	0.8423	1.2832	1.6479	1.9647	2.3338	2.5857	2.8195	3.1066	3.3101
1000	0.6747	0.8420	1.2824	1.6464	1.9623	2.3301	2.5808	2.8133	3.0984	3.3003
∞	0.6745	0.8416	1.2816	1.6449	1.9600	2.3264	2.5758	2.8070	3.0902	3.2905

注：表上右上角图中的阴影部分表示概率 P。

附表

附表3　F分布临界值表（方差齐性检验用，双侧概率为 0.05）

n'_2	n'_1									
	1	2	3	4	5	6	7	8	9	10
1	647.8	799.5	864.2	899.6	921.9	937.1	948.2	956.7	963.3	968.6
2	38.51	39.00	39.17	39.25	39.30	39.33	39.36	39.37	39.39	39.40
3	17.44	16.04	15.44	15.10	14.88	14.73	14.62	14.54	14.47	14.42
4	12.22	10.65	9.98	9.60	9.36	9.20	9.07	8.98	8.90	8.84
5	10.01	8.43	7.76	7.39	7.15	6.98	6.85	6.76	6.68	6.62
6	8.81	7.26	6.60	6.23	5.99	5.82	5.70	5.60	5.52	5.46
7	8.07	6.54	5.89	5.52	5.29	5.12	4.99	4.90	4.82	4.76
8	7.57	6.06	5.42	5.05	4.82	4.65	4.53	4.43	4.36	4.30
9	7.21	5.71	5.08	4.72	4.48	4.32	4.20	4.10	4.03	3.96
10	6.94	5.46	4.83	4.47	4.24	4.07	3.95	3.85	3.78	3.72
11	6.72	5.26	4.63	4.28	4.04	3.88	3.76	3.66	3.59	3.53
12	6.55	5.10	4.47	4.12	3.89	3.73	3.61	3.51	3.44	3.37
13	6.41	4.97	4.35	4.00	3.77	3.60	3.48	3.39	3.31	3.25
14	6.30	4.86	4.24	3.89	3.66	3.50	3.38	3.29	3.21	3.15
15	6.20	4.77	4.15	3.80	3.58	3.41	3.29	3.20	3.12	3.06
16	6.12	4.69	4.08	3.73	3.50	3.34	3.22	3.12	3.05	2.99
17	6.04	4.62	4.01	3.66	3.44	3.28	3.16	3.06	2.98	2.92
18	5.98	4.56	3.95	3.61	3.38	3.22	3.10	3.01	2.93	2.87
19	5.92	4.51	3.90	3.56	3.33	3.17	3.05	2.96	2.88	2.82
20	5.87	4.46	3.86	3.51	3.29	3.13	3.01	2.91	2.84	2.77
21	5.83	4.42	3.82	3.48	3.25	3.09	2.97	2.87	2.80	2.73
22	5.79	4.38	3.78	3.44	3.22	3.05	2.93	2.84	2.76	2.70
23	5.75	4.35	3.75	3.41	3.18	3.02	2.90	2.81	2.73	2.67
24	5.72	4.32	3.72	3.38	3.15	2.99	2.87	2.78	2.70	2.64
25	5.69	4.29	3.69	3.35	3.13	2.97	2.85	2.75	2.68	2.61
26	5.66	4.27	3.67	3.33	3.10	2.94	2.82	2.73	2.65	2.59
27	5.63	4.24	3.65	3.31	3.08	2.92	2.80	2.71	2.63	2.57
28	5.61	4.22	3.63	3.29	3.06	2.90	2.78	2.69	2.61	2.55
29	5.59	4.20	3.61	3.27	3.04	2.88	2.76	2.67	2.59	2.53
30	5.57	4.18	3.59	3.25	3.03	2.87	2.75	2.65	2.57	2.51
40	5.42	4.05	3.46	3.13	2.90	2.74	2.62	2.53	2.45	2.39
60	5.29	3.93	3.34	3.01	2.79	2.63	2.51	2.41	2.33	2.27
100	5.18	3.83	3.25	2.92	2.70	2.54	2.42	2.32	2.24	2.18
120	5.15	3.80	3.23	2.89	2.67	2.52	2.39	2.30	2.22	2.16
∞	5.02	3.69	3.12	2.79	2.57	2.41	2.29	2.19	2.11	2.05

n'_1 分子的自由度，n'_2 分母的自由度。

n'_2	n'_1										
	11	12	13	14	15	20	30	40	60	100	∞
1	973.0	976.7	979.8	982.5	984.9	993.1	1001	1006	1010	1013	1018
2	39.41	39.41	39.42	39.43	39.43	39.45	39.46	39.47	39.48	39.49	39.50
3	14.37	14.34	14.30	14.28	14.25	14.17	14.08	14.04	13.99	13.96	13.90
4	8.79	8.75	8.71	8.68	8.66	8.56	8.46	8.41	8.36	8.32	8.26
5	6.57	6.52	6.49	6.46	6.43	6.33	6.23	6.18	6.12	6.08	6.02
6	5.41	5.37	5.33	5.30	5.27	5.17	5.07	5.01	4.96	4.92	4.85
7	4.71	4.67	4.63	4.6	4.57	4.47	4.36	4.31	4.25	4.21	4.14
8	4.24	4.20	4.16	4.13	4.10	4.00	3.89	3.84	3.78	3.74	3.67
9	3.91	3.87	3.83	3.80	3.77	3.67	3.56	3.51	3.45	3.40	3.33
10	3.66	3.62	3.58	3.55	3.52	3.42	3.31	3.26	3.20	3.15	3.08
11	3.47	3.43	3.39	3.36	3.33	3.23	3.12	3.06	3.00	2.96	2.88
12	3.32	3.28	3.24	3.21	3.18	3.07	2.96	2.91	2.85	2.80	2.72
13	3.20	3.15	3.12	3.08	3.05	2.95	2.84	2.78	2.72	2.67	2.60
14	3.09	3.05	3.01	2.98	2.95	2.84	2.73	2.67	2.61	2.56	2.49
15	3.01	2.96	2.92	2.89	2.86	2.76	2.64	2.59	2.52	2.47	2.40
16	2.93	2.89	2.85	2.82	2.79	2.68	2.57	2.51	2.45	2.40	2.32
17	2.87	2.82	2.79	2.75	2.72	2.62	2.50	2.44	2.38	2.33	2.25
18	2.81	2.77	2.73	2.70	2.67	2.56	2.44	2.38	2.32	2.27	2.19
19	2.76	2.72	2.68	2.65	2.62	2.51	2.39	2.33	2.27	2.22	2.13
20	2.72	2.68	2.64	2.60	2.57	2.46	2.35	2.29	2.22	2.17	2.09
21	2.68	2.64	2.60	2.56	2.53	2.42	2.31	2.25	2.18	2.13	2.04
22	2.65	2.60	2.56	2.53	2.50	2.39	2.27	2.21	2.14	2.09	2.00
23	2.62	2.57	2.53	2.50	2.47	2.36	2.24	2.18	2.11	2.06	1.97
24	2.59	2.54	2.50	2.47	2.44	2.33	2.21	2.15	2.08	2.02	1.94
25	2.56	2.51	2.48	2.44	2.41	2.30	2.18	2.12	2.05	2.00	1.91
26	2.54	2.49	2.45	2.42	2.39	2.28	2.16	2.09	2.03	1.97	1.88
27	2.51	2.47	2.43	2.39	2.36	2.25	2.13	2.07	2.00	1.94	1.85
28	2.49	2.45	2.41	2.37	2.34	2.23	2.11	2.05	1.98	1.92	1.83
29	2.48	2.43	2.39	2.36	2.32	2.21	2.09	2.03	1.96	1.90	1.81
30	2.46	2.41	2.37	2.34	2.31	2.20	2.07	2.01	1.94	1.88	1.79
40	2.33	2.29	2.25	2.21	2.18	2.07	1.94	1.88	1.80	1.74	1.64
60	2.22	2.17	2.13	2.09	2.06	1.94	1.82	1.74	1.67	1.60	1.48
100	2.12	2.08	2.04	2.00	1.97	1.85	1.71	1.64	1.56	1.48	1.35
120	2.10	2.05	2.01	1.98	1.94	1.82	1.69	1.61	1.53	1.45	1.31
∞	1.99	1.94	1.90	1.87	1.83	1.71	1.57	1.48	1.39	1.30	1.00

n'_1 分子的自由度，n'_2 分母的自由度。

附表

附表 4-1 F 分布临界值表（方差分析用，$\alpha=0.05$）

n'_2	n'_1									
	1	2	3	4	5	6	7	8	9	10
1	161.5	199.5	215.7	224.6	230.2	234.0	236.8	238.9	240.5	241.9
2	18.51	19.00	19.16	19.25	19.30	19.33	19.35	19.37	19.38	19.40
3	10.13	9.55	9.28	9.12	9.01	8.94	8.89	8.85	8.81	8.79
4	7.71	6.94	6.59	6.39	6.26	6.16	6.09	6.04	6.00	5.96
5	6.61	5.79	5.41	5.19	5.05	4.95	4.88	4.82	4.77	4.74
6	5.99	5.14	4.76	4.53	4.39	4.28	4.21	4.15	4.10	4.06
7	5.59	4.74	4.35	4.12	3.97	3.87	3.79	3.73	3.68	3.64
8	5.32	4.46	4.07	3.84	3.69	3.58	3.50	3.44	3.39	3.35
9	5.12	4.26	3.86	3.63	3.48	3.37	3.29	3.23	3.18	3.14
10	4.96	4.10	3.71	3.48	3.33	3.22	3.14	3.07	3.02	2.98
11	4.84	3.98	3.59	3.36	3.20	3.09	3.01	2.95	2.90	2.85
12	4.75	3.89	3.49	3.26	3.11	3.00	2.91	2.85	2.80	2.75
13	4.67	3.81	3.41	3.18	3.03	2.92	2.83	2.77	2.71	2.67
14	4.60	3.74	3.34	3.11	2.96	2.85	2.76	2.70	2.65	2.60
15	4.54	3.68	3.29	3.06	2.90	2.79	2.71	2.64	2.59	2.54
16	4.49	3.63	3.24	3.01	2.85	2.74	2.66	2.59	2.54	2.49
17	4.45	3.59	3.20	2.96	2.81	2.70	2.61	2.55	2.49	2.45
18	4.41	3.55	3.16	2.93	2.77	2.66	2.58	2.51	2.46	2.41
19	4.38	3.52	3.13	2.90	2.74	2.63	2.54	2.48	2.42	2.38
20	4.35	3.49	3.10	2.87	2.71	2.60	2.51	2.45	2.39	2.35
21	4.32	3.47	3.07	2.84	2.68	2.57	2.49	2.42	2.37	2.32
22	4.30	3.44	3.05	2.82	2.66	2.55	2.46	2.40	2.34	2.30
23	4.28	3.42	3.03	2.80	2.64	2.53	2.44	2.37	2.32	2.27
24	4.26	3.40	3.01	2.78	2.62	2.51	2.42	2.36	2.30	2.25
25	4.24	3.39	2.99	2.76	2.60	2.49	2.40	2.34	2.28	2.24
26	4.23	3.37	2.98	2.74	2.59	2.47	2.39	2.32	2.27	2.22
27	4.21	3.35	2.96	2.73	2.57	2.46	2.37	2.31	2.25	2.20
28	4.20	3.34	2.95	2.71	2.56	2.45	2.36	2.29	2.24	2.19
29	4.18	3.33	2.93	2.70	2.55	2.43	2.35	2.28	2.22	2.18
30	4.17	3.32	2.92	2.69	2.53	2.42	2.33	2.27	2.21	2.16
40	4.08	3.23	2.84	2.61	2.45	2.34	2.25	2.18	2.12	2.08
60	4.00	3.15	2.76	2.53	2.37	2.25	2.17	2.10	2.04	1.99
100	3.94	3.09	2.70	2.46	2.31	2.19	2.10	2.03	1.97	1.93
120	3.92	3.07	2.68	2.45	2.29	2.18	2.09	2.02	1.96	1.91
∞	3.84	3.00	2.66	2.37	2.21	2.10	2.01	1.94	1.88	1.83

n'_1 分子的自由度，n'_2 分母的自由度。

n'_2	n'_1										
	11	12	13	14	20	40	50	100	200	500	∞
1	243.0	243.9	244.7	245.4	248.0	251.1	251.8	253.0	253.7	254.1	254.3
2	19.40	19.41	19.42	19.42	19.45	19.47	19.48	19.49	19.49	19.49	19.50
3	8.76	8.74	8.73	8.71	8.66	8.59	8.58	8.55	8.54	8.53	8.53
4	5.94	5.91	5.89	5.87	5.80	5.72	5.70	5.66	5.65	5.64	5.63
5	4.70	4.68	4.66	4.64	4.56	4.46	4.44	4.41	4.39	4.37	4.36
6	4.03	4.00	3.98	3.96	3.87	3.77	3.75	3.71	3.69	3.68	3.67
7	3.60	3.57	3.55	3.53	3.44	3.34	3.32	3.27	3.25	3.24	3.23
8	3.31	3.28	3.26	3.24	3.15	3.04	3.02	2.97	2.95	2.94	2.93
9	3.10	3.07	3.05	3.03	2.94	2.83	2.80	2.76	2.73	2.72	2.71
10	2.94	2.91	2.89	2.86	2.77	2.66	2.64	2.59	2.56	2.55	2.54
11	2.82	2.79	2.76	2.74	2.65	2.53	2.51	2.46	2.43	2.42	2.40
12	2.72	2.69	2.66	2.64	2.54	2.43	2.40	2.35	2.32	2.31	2.30
13	2.63	2.60	2.58	2.55	2.46	2.34	2.31	2.26	2.23	2.22	2.21
14	2.57	2.53	2.51	2.48	2.39	2.27	2.24	2.19	2.16	2.14	2.13
15	2.51	2.48	2.45	2.42	2.33	2.20	2.18	2.12	2.10	2.08	2.07
16	2.46	2.42	2.40	2.37	2.28	2.15	2.12	2.07	2.04	2.02	2.01
17	2.41	2.38	2.35	2.33	2.23	2.10	2.08	2.02	1.99	1.97	1.96
18	2.37	2.34	2.31	2.29	2.19	2.06	2.04	1.98	1.95	1.93	1.92
19	2.34	2.31	2.28	2.26	2.16	2.03	2.00	1.94	1.91	1.89	1.88
20	2.31	2.28	2.25	2.22	2.12	1.99	1.97	1.91	1.88	1.86	1.84
21	2.28	2.25	2.22	2.20	2.10	1.96	1.94	1.88	1.84	1.83	1.81
22	2.26	2.23	2.20	2.17	2.07	1.94	1.91	1.85	1.82	1.80	1.78
23	2.24	2.20	2.18	2.15	2.05	1.91	1.88	1.82	1.79	1.77	1.76
24	2.22	2.18	2.15	2.13	2.03	1.89	1.86	1.80	1.77	1.75	1.73
25	2.20	2.16	2.14	2.11	2.01	1.87	1.84	1.78	1.75	1.73	1.71
26	2.18	2.15	2.12	2.09	1.99	1.85	1.82	1.76	1.73	1.71	1.69
27	2.17	2.13	2.10	2.08	1.97	1.84	1.81	1.74	1.71	1.69	1.67
28	2.15	2.12	2.09	2.06	1.96	1.82	1.79	1.73	1.69	1.67	1.65
29	2.14	2.10	2.08	2.05	1.94	1.81	1.77	1.71	1.67	1.65	1.64
30	2.13	2.09	2.06	2.04	1.93	1.79	1.76	1.70	1.66	1.64	1.62
40	2.04	2.00	1.97	1.95	1.84	1.69	1.66	1.59	1.55	1.53	1.51
60	1.95	1.92	1.89	1.86	1.75	1.59	1.56	1.48	1.44	1.41	1.39
100	1.89	1.85	1.82	1.79	1.68	1.52	1.48	1.39	1.34	1.31	1.28
120	1.87	1.83	1.80	1.78	1.66	1.50	1.46	1.37	1.32	1.28	1.25
∞	1.79	1.75	1.72	1.69	1.57	1.39	1.35	1.24	1.17	1.11	1.00

n'_1 分子的自由度，n'_2 分母的自由度。

附表

n'_2	n'_1									
	1	2	3	4	5	6	7	8	9	10
1	4052.2	4999.5	5403.4	5624.6	5763.7	5859.0	5928.4	5981	6023	6056
2	98.50	99.00	99.17	99.25	99.30	99.33	99.36	99.37	99.39	99.40
3	34.12	30.82	29.46	28.71	28.24	27.91	27.67	27.49	27.35	27.23
4	21.20	18.00	16.69	15.98	15.52	15.21	14.98	14.80	14.66	14.55
5	16.26	13.27	12.06	11.39	10.97	10.67	10.46	10.29	10.16	10.05
6	13.75	10.92	9.78	9.15	8.75	8.47	8.26	8.10	7.98	7.87
7	12.25	9.55	8.45	7.85	7.46	7.19	6.99	6.84	6.72	6.62
8	11.26	8.65	7.59	7.01	6.63	6.37	6.18	6.03	5.91	5.81
9	10.56	8.02	6.99	6.42	6.06	5.80	5.61	5.47	5.35	5.26
10	10.04	7.56	6.55	5.99	5.64	5.39	5.20	5.06	4.94	4.85
11	9.65	7.21	6.22	5.67	5.32	5.07	4.89	4.74	4.63	4.54
12	9.33	6.93	5.95	5.41	5.06	4.82	4.64	4.50	4.39	4.30
13	9.07	6.70	5.74	5.21	4.86	4.62	4.44	4.30	4.19	4.10
14	8.86	6.51	5.56	5.04	4.69	4.46	4.28	4.14	4.03	3.94
15	8.68	6.36	5.42	4.89	4.56	4.32	4.14	4.00	3.89	3.80
16	8.53	6.23	5.29	4.77	4.44	4.20	4.03	3.89	3.78	3.69
17	8.40	6.11	5.18	4.67	4.34	4.10	3.93	3.79	3.68	3.59
18	8.29	6.01	5.09	4.58	4.25	4.01	3.84	3.71	3.60	3.51
19	8.18	5.93	5.01	4.50	4.17	3.94	3.77	3.63	3.52	3.43
20	8.10	5.85	4.94	4.43	4.10	3.87	3.70	3.56	3.46	3.37
21	8.02	5.78	4.87	4.37	4.04	3.81	3.64	3.51	3.40	3.31
22	7.95	5.72	4.82	4.31	3.99	3.76	3.59	3.45	3.35	3.26
23	7.88	5.66	4.76	4.26	3.94	3.71	3.54	3.41	3.30	3.21
24	7.82	5.61	4.72	4.22	3.90	3.67	3.50	3.36	3.26	3.17
25	7.77	5.57	4.68	4.18	3.85	3.63	3.46	3.32	3.22	3.13
26	7.72	5.53	4.64	4.14	3.82	3.59	3.42	3.29	3.18	3.09
27	7.68	5.49	4.60	4.11	3.78	3.56	3.39	3.26	3.15	3.06
28	7.64	5.45	4.57	4.07	3.75	3.53	3.36	3.23	3.12	3.03
29	7.60	5.42	4.54	4.04	3.73	3.50	3.33	3.20	3.09	3.00
30	7.56	5.39	4.51	4.02	3.70	3.47	3.30	3.17	3.07	2.98
40	7.31	5.18	4.31	3.83	3.51	3.29	3.12	2.99	2.89	2.80
60	7.08	4.98	4.13	3.65	3.34	3.12	2.95	2.82	2.72	2.63
100	6.90	4.82	3.98	3.51	3.21	2.99	2.82	2.69	2.59	2.50
120	6.85	4.79	3.95	3.48	3.17	2.96	2.79	2.66	2.56	2.47
∞	6.63	4.61	3.78	3.32	3.02	2.80	2.64	2.51	2.41	2.32

n'_1 分子的自由度，n'_2 分母的自由度。

体·育·统·计·学

n'_2	n'_1										
	11	12	13	14	20	40	50	100	200	500	∞
1	6083	6106	6126	6143	6209	6287	6303	6334	6350	6360	6366
2	99.41	99.42	99.42	99.43	99.45	99.47	99.48	99.49	99.49	99.50	99.50
3	27.13	27.05	26.98	26.92	26.69	26.41	26.35	26.24	26.18	26.15	26.13
4	14.45	14.37	14.31	14.25	14.02	13.75	13.69	13.58	13.52	13.49	13.46
5	9.96	9.89	9.82	9.77	9.55	9.29	9.24	9.13	9.08	9.04	9.02
6	7.79	7.72	7.66	7.60	7.40	7.14	7.09	6.99	6.93	6.90	6.88
7	6.54	6.47	6.41	6.36	6.16	5.91	5.86	5.75	5.70	5.67	5.65
8	5.73	5.67	5.61	5.56	5.36	5.12	5.07	4.96	4.91	4.88	4.86
9	5.18	5.11	5.05	5.01	4.81	4.57	4.52	4.41	4.36	4.33	4.31
10	4.77	4.71	4.65	4.60	4.41	4.17	4.12	4.01	3.96	3.93	3.91
11	4.46	4.40	4.34	4.29	4.10	3.86	3.81	3.71	3.66	3.62	3.60
12	4.22	4.16	4.10	4.05	3.86	3.62	3.57	3.47	3.41	3.38	3.36
13	4.02	3.96	3.91	3.86	3.66	3.43	3.38	3.27	3.22	3.19	3.17
14	3.86	3.80	3.75	3.70	3.51	3.27	3.22	3.11	3.06	3.03	3.00
15	3.73	3.67	3.61	3.56	3.37	3.13	3.08	2.98	2.92	2.89	2.87
16	3.62	3.55	3.50	3.45	3.26	3.02	2.97	2.86	2.81	2.78	2.75
17	3.52	3.46	3.40	3.35	3.16	2.92	2.87	2.76	2.71	2.68	2.65
18	3.43	3.37	3.32	3.27	3.08	2.84	2.78	2.68	2.62	2.59	2.57
19	3.36	3.30	3.24	3.19	3.00	2.76	2.71	2.60	2.55	2.51	2.49
20	3.29	3.23	3.18	3.13	2.94	2.69	2.64	2.54	2.48	2.44	2.42
21	3.24	3.17	3.12	3.07	2.88	2.64	2.58	2.48	2.42	2.38	2.36
22	3.18	3.12	3.07	3.02	2.83	2.58	2.53	2.42	2.36	2.33	2.31
23	3.14	3.07	3.02	2.97	2.78	2.54	2.48	2.37	2.32	2.28	2.26
24	3.09	3.03	2.98	2.93	2.74	2.49	2.44	2.33	2.27	2.24	2.21
25	3.06	2.99	2.94	2.89	2.70	2.45	2.40	2.29	2.23	2.19	2.17
26	3.02	2.96	2.90	2.86	2.66	2.42	2.36	2.25	2.19	2.16	2.13
27	2.99	2.93	2.87	2.82	2.63	2.38	2.33	2.22	2.16	2.12	2.10
28	2.96	2.90	2.84	2.79	2.60	2.35	2.30	2.19	2.13	2.09	2.06
29	2.93	2.87	2.81	2.77	2.57	2.33	2.27	2.16	2.10	2.06	2.03
30	2.91	2.84	2.79	2.74	2.55	2.30	2.25	2.13	2.07	2.03	2.01
40	2.73	2.66	2.61	2.56	2.37	2.11	2.06	1.94	1.87	1.83	1.80
60	2.56	2.50	2.44	2.39	2.20	1.94	1.88	1.75	1.68	1.63	1.60
100	2.43	2.37	2.31	2.27	2.07	1.80	1.74	1.60	1.52	1.47	1.43
120	2.40	2.34	2.28	2.23	2.03	1.76	1.70	1.56	1.48	1.42	1.38
∞	2.25	2.18	2.13	2.08	1.88	1.59	1.52	1.36	1.25	1.15	1.00

n'_1 分子的自由度，n'_2 分母的自由度。

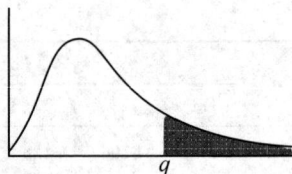

附表 5　q 值表

上行：$P=0.05$　　下行：$P=0.01$

$n-k$	2	3	4	5	6	7	8	9	10
5	3.64	4.60	5.22	5.67	6.03	6.33	6.58	6.80	6.99
	5.70	6.98	7.80	8.42	8.91	9.32	9.67	9.97	10.24
6	3.46	4.34	4.90	5.30	5.63	5.90	6.12	6.32	6.49
	5.24	6.33	7.03	7.56	7.97	8.32	8.61	8.87	9.10
7	3.34	4.16	4.63	5.06	5.36	5.61	5.82	6.00	6.16
	4.95	5.92	6.54	7.01	7.37	7.68	7.94	8.17	8.37
8	3.26	4.04	4.53	4.89	5.17	5.40	5.60	5.77	5.92
	4.75	5.64	6.20	6.62	6.96	7.24	7.47	7.68	7.86
9	3.20	3.95	4.41	4.76	5.02	5.24	5.43	5.59	5.74
	4.60	5.43	5.96	6.35	6.66	6.91	7.13	7.33	7.49
10	3.15	3.88	4.33	4.65	4.91	5.12	5.30	5.46	5.60
	4.48	5.27	5.77	6.14	6.43	6.67	6.87	7.05	7.21
12	3.08	3.77	4.20	4.51	4.75	4.95	5.12	5.27	5.39
	4.32	5.05	5.50	5.84	6.10	6.32	6.51	6.67	6.81
14	3.03	3.70	4.11	4.41	4.64	4.83	4.99	5.13	5.25
	4.21	4.89	5.32	5.63	5.88	6.08	6.26	6.41	6.54
16	3.00	3.65	4.05	4.33	4.56	4.74	4.90	5.03	5.15
	4.13	4.79	5.19	5.49	5.72	5.92	6.08	6.22	6.35
18	2.97	3.61	4.00	4.28	4.49	4.67	4.82	4.96	5.07
	4.07	4.70	5.09	5.38	5.60	5.79	5.94	6.08	6.20
20	2.95	3.58	3.96	4.23	4.45	4.62	4.77	4.90	5.01
	4.02	4.64	5.02	5.29	5.51	5.69	5.84	5.97	6.09
30	2.89	3.49	3.85	4.10	4.30	4.46	4.60	4.72	4.82
	3.89	4.45	4.80	5.05	5.24	5.40	5.54	5.65	5.76
40	2.86	3.44	3.79	4.04	4.23	4.39	4.52	4.63	4.73
	3.82	4.37	4.70	4.93	5.11	5.26	5.39	5.50	5.60
60	2.83	3.40	3.74	3.98	4.16	4.31	4.44	4.55	4.65
	3.76	4.28	4.59	4.82	4.99	5.13	5.25	5.36	5.45
120	2.80	3.36	3.68	3.92	4.10	4.24	4.36	4.47	4.56
	3.70	4.20	4.50	4.71	4.87	5.01	5.12	5.21	5.30
∞	2.77	3.31	3.63	3.86	4.03	4.17	4.29	4.39	4.47
	3.64	4.12	4.40	4.60	4.76	4.88	4.99	5.08	5.16

体 · 育 · 统 · 计 · 学

$\alpha = 0.01$

n'	k										
	2	3	4	5	6	7	8	9	10	15	20
1	18.0	27.0	32.8	37.1	40.4	43.1	45.4	47.4	49.1	55.4	59.6
2	6.08	8.33	9.80	10.9	11.7	12.4	13.0	13.5	14.0	15.7	16.8
3	4.50	5.91	6.82	7.50	8.04	8.48	8.85	9.18	9.46	10.5	11.2
4	3.93	5.04	5.76	6.29	6.71	7.05	7.35	7.60	7.83	8.66	9.23
5	3.64	4.60	5.22	5.67	6.03	6.33	6.58	6.80	6.99	7.72	8.21
6	3.46	4.34	4.90	5.30	5.63	5.90	6.12	6.32	6.49	7.14	7.59
7	3.34	4.16	4.68	5.06	5.36	5.61	5.82	6.00	6.16	6.76	7.17
8	3.26	4.04	4.53	4.89	5.17	5.40	5.60	5.77	5.92	6.48	6.87
9	3.20	3.95	4.41	4.76	5.02	5.24	5.43	5.59	5.74	6.28	6.64
10	3.15	3.88	4.33	4.65	4.91	5.12	5.30	5.46	5.60	6.11	6.47
11	3.11	3.82	4.26	4.57	4.82	5.03	5.20	5.35	5.49	5.98	6.33
12	3.08	3.77	4.20	4.51	4.75	4.95	5.12	5.27	5.39	5.88	6.21
13	3.06	3.73	4.15	4.45	4.69	4.88	5.05	5.19	5.32	5.79	6.11
14	3.03	3.70	4.11	4.41	4.64	4.83	4.99	5.13	5.25	5.71	6.03
15	3.01	3.67	4.08	4.37	4.59	4.78	4.94	5.08	5.20	5.65	5.96
16	3.00	3.65	4.05	4.33	4.56	4.74	4.90	5.03	5.15	5.59	5.90
17	2.98	3.63	4.02	4.30	4.52	4.70	4.86	4.99	5.11	5.54	5.84
18	2.97	3.61	4.00	4.28	4.49	4.67	4.82	4.96	5.07	5.50	5.79
19	2.96	3.59	3.98	4.25	4.47	4.65	4.79	4.92	5.04	5.46	5.75
20	2.95	3.58	3.96	4.23	4.45	4.62	4.77	4.90	5.01	5.43	5.71
24	2.92	3.53	3.90	4.17	4.37	4.54	4.68	4.81	4.92	5.32	5.59
30	2.89	3.49	3.85	4.10	4.30	4.46	4.60	4.72	4.82	5.21	5.47
40	2.86	3.44	3.79	4.04	4.23	4.39	4.52	4.63	4.73	5.11	5.36
60	2.83	3.40	3.74	3.98	4.16	4.31	4.44	4.55	4.65	5.00	5.24
120	2.80	3.36	3.68	3.92	4.10	4.24	4.36	4.47	4.56	4.90	5.13
∞	2.77	3.31	3.63	3.86	4.03	4.17	4.29	4.39	4.47	4.80	5.01

附

表

$\alpha = 0.01$

n'	k										
	2	3	4	5	6	7	8	9	10	15	20
1	90.0	135	164	186	202	216	227	237	246	277	298
2	14.0	19.0	22.3	24.7	26.6	28.2	29.5	30.7	31.7	35.4	37.9
3	8.26	10.6	12.2	13.3	14.2	15.0	15.6	16.2	16.7	18.5	19.8
4	6.51	8.12	9.17	9.96	10.6	11.1	11.5	11.9	12.3	13.5	14.4
5	5.70	6.97	7.80	8.42	8.91	9.32	9.67	9.97	10.2	11.2	11.9
6	5.24	6.33	7.03	7.56	7.97	8.32	8.61	8.87	9.10	9.95	10.5
7	4.95	5.92	6.54	7.01	7.37	7.68	7.94	8.17	8.37	9.12	9.65
8	4.74	5.63	6.20	6.63	6.96	7.24	7.47	7.68	7.87	8.55	9.03
9	4.60	5.43	5.96	6.35	6.66	6.91	7.13	7.32	7.49	8.13	8.57
10	4.48	5.27	5.77	6.14	6.43	6.67	6.87	7.05	7.21	7.81	8.22
11	4.39	5.14	5.62	5.97	6.25	6.48	6.67	6.84	6.99	7.56	7.95
12	4.32	5.04	5.50	5.84	6.10	6.32	6.51	6.67	6.81	7.36	7.73
13	4.26	4.96	5.40	5.73	5.98	6.19	6.37	6.53	6.67	7.19	7.55
14	4.21	4.89	5.32	5.63	5.88	6.08	6.26	6.41	6.54	7.05	7.39
15	4.17	4.83	5.25	5.56	5.80	5.99	6.16	6.31	6.44	6.93	7.26
16	4.13	4.78	5.19	5.49	5.72	5.92	6.08	6.22	6.35	6.82	7.15
17	4.10	4.74	5.14	5.43	5.66	5.85	6.01	6.15	6.27	6.73	7.05
18	4.07	4.70	5.09	5.38	5.60	5.79	5.94	6.08	6.20	6.65	6.96
19	4.05	4.67	5.05	5.33	5.55	5.73	5.89	6.02	6.14	6.58	6.89
20	4.02	4.64	5.02	5.29	5.51	5.69	5.84	5.97	6.09	6.52	6.82
24	3.96	4.54	4.91	5.17	5.37	5.54	5.69	5.81	5.92	6.33	6.61
30	3.89	4.45	4.80	5.05	5.24	5.40	5.54	5.65	5.76	6.14	6.41
40	3.82	4.37	4.70	4.93	5.11	5.27	5.39	5.50	5.60	5.96	6.21
60	3.76	4.28	4.60	4.2	4.99	5.13	5.25	5.36	5.45	5.79	6.02
120	3.70	4.20	4.50	4.71	4.87	5.01	5.12	5.21	5.30	5.61	5.83
∞	3.64	4.12	4.40	4.60	4.76	4.88	4.99	5.08	5.16	5.45	5.65

体·育·统·计·学

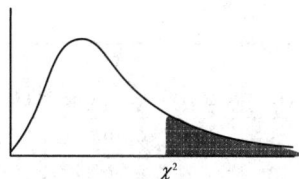

附表 7 χ^2 分布临界值表

自由度	概率 P													
n'	0.995	0.990	0.975	0.950	0.900	0.750	0.500	0.250	0.100	0.050	0.025	0.010	0.005	0.001
1					0.02	0.10	0.45	1.32	2.71	3.84	5.02	6.63	7.88	10.83
2	0.01	0.02	0.05	0.10	0.21	0.58	1.39	2.77	4.61	5.99	7.38	9.21	10.60	13.82
3	0.07	0.11	0.22	0.35	0.58	1.21	2.37	4.11	6.25	7.81	9.35	11.34	12.84	16.27
4	0.21	0.30	0.48	0.71	1.06	1.92	3.36	5.39	7.78	9.49	11.14	13.28	14.86	18.47
5	0.41	0.55	0.83	1.15	1.61	2.67	4.35	6.63	9.24	11.07	12.83	15.09	16.75	20.52
6	0.68	0.87	1.24	1.64	2.20	3.45	5.35	7.84	10.64	12.59	14.45	16.81	18.55	22.46
7	0.99	1.24	1.69	2.17	2.83	4.25	6.35	9.04	12.02	14.07	16.01	18.48	20.28	24.32
8	1.34	1.65	2.18	2.73	3.49	5.07	7.34	10.22	13.36	15.51	17.53	20.09	21.95	26.12
9	1.73	2.09	2.70	3.33	4.17	5.90	8.34	11.39	14.68	16.92	19.02	21.67	23.59	27.88
10	2.16	2.56	3.25	3.94	4.87	6.74	9.34	12.55	15.99	18.31	20.48	23.21	25.19	29.59
11	2.60	3.05	3.82	4.57	5.58	7.58	10.34	13.70	17.28	19.68	21.92	24.72	26.76	31.26
12	3.07	3.57	4.40	5.23	6.30	8.44	11.34	14.85	18.55	21.03	23.34	26.22	28.30	32.91
13	3.57	4.11	5.01	5.89	7.04	9.30	12.34	15.98	19.81	22.36	24.74	27.69	29.82	34.53
14	4.07	4.66	5.63	6.57	7.79	10.17	13.34	17.12	21.06	23.68	26.12	29.14	31.32	36.12
15	4.60	5.23	6.26	7.26	8.55	11.04	14.34	18.25	22.31	25.00	27.49	30.58	32.80	37.70
16	5.14	5.81	6.91	7.96	9.31	11.91	15.34	19.37	23.54	26.30	28.85	32.00	34.27	39.25
17	5.70	6.41	7.56	8.67	10.09	12.79	16.34	20.49	24.77	27.59	30.19	33.41	35.72	40.79
18	6.26	7.01	8.23	9.39	10.86	13.68	17.34	21.60	25.99	28.87	31.53	34.81	37.16	42.31
19	6.84	7.63	8.91	10.12	11.65	14.56	18.34	22.72	27.20	30.14	32.85	36.19	38.58	43.82
20	7.43	8.26	9.59	10.85	12.44	15.45	19.34	23.83	28.41	31.41	34.17	37.57	40.00	45.31
21	8.03	8.90	10.28	11.59	13.24	16.34	20.34	24.93	29.62	32.67	35.48	38.93	41.40	46.80
22	8.64	9.54	10.98	12.34	14.04	17.24	21.34	26.04	30.81	33.92	36.78	40.29	42.80	48.27
23	9.26	10.20	11.69	13.09	14.85	18.14	22.34	27.14	32.01	35.17	38.08	41.64	44.18	49.73
24	9.89	10.86	12.40	13.85	15.66	19.04	23.34	28.24	33.20	36.42	39.36	42.98	45.56	51.18
25	10.52	11.52	13.12	14.61	16.47	19.94	24.34	29.34	34.38	37.65	40.65	44.31	46.93	52.62
26	11.16	12.20	13.84	15.38	17.29	20.84	25.34	30.43	35.56	38.89	41.92	45.64	48.29	54.05
27	11.81	12.88	14.57	16.15	18.11	21.75	26.34	31.53	36.74	40.11	43.19	46.96	49.64	55.48
28	12.46	13.56	15.31	16.93	18.94	22.66	27.34	32.62	37.92	41.34	44.46	48.28	50.99	56.89
29	13.12	14.26	16.05	17.71	19.77	23.57	28.34	33.71	39.09	42.56	45.72	49.59	52.34	58.30
30	13.79	14.95	16.79	18.49	20.60	24.48	29.34	34.80	40.26	43.77	46.98	50.89	53.67	59.70
40	20.71	22.16	24.43	26.51	29.05	33.66	39.34	45.62	51.81	55.76	59.34	63.69	66.77	73.40
50	27.99	29.71	32.36	34.76	37.69	42.94	49.33	56.33	63.17	67.50	71.42	76.15	79.49	86.66
60	35.53	37.48	40.48	43.19	46.46	52.29	59.33	66.98	74.40	79.08	83.30	88.38	91.95	99.61
70	43.28	45.44	48.76	51.74	55.33	61.70	69.33	77.58	85.53	90.53	95.02	100.4	104.2	112.3
80	51.17	53.54	57.15	60.39	64.28	71.14	79.33	88.13	96.58	101.9	106.6	112.3	116.3	124.8
90	59.20	61.75	65.65	69.13	73.29	80.62	89.33	98.65	107.6	113.2	118.1	124.1	128.3	137.2
100	67.33	70.06	74.22	77.93	82.36	90.13	99.33	109.1	118.5	124.3	129.6	135.8	140.2	149.5

附表

n'	P (2):	0.50	0.20	0.10	0.05	0.02	0.01	0.005	0.002	0.001
	P (1):	0.25	0.01	0.05	0.025	0.01	0.005	0.0025	0.001	0.0005
1		0.707	0.951	0.988	0.997	1.000	1.000	1.000	1.000	1.000
2		0.500	0.800	0.900	0.950	0.980	0.990	0.995	0.998	0.999
3		0.404	0.687	0.805	0.878	0.934	0.959	0.974	0.986	0.991
4		0.347	0.608	0.729	0.811	0.882	0.917	0.942	0.963	0.974
5		0.309	0.551	0.669	0.754	0.833	0.875	0.906	0.935	0.951
6		0.281	0.507	0.621	0.707	0.789	0.834	0.870	0.905	0.925
7		0.260	0.472	0.582	0.666	0.750	0.798	0.836	0.875	0.898
8		0.242	0.443	0.549	0.632	0.715	0.765	0.805	0.847	0.872
9		0.228	0.419	0.521	0.602	0.685	0.735	0.776	0.820	0.847
10		0.216	0.398	0.497	0.576	0.658	0.708	0.750	0.795	0.823
11		0.206	0.380	0.476	0.553	0.634	0.684	0.726	0.772	0.801
12		0.197	0.365	0.458	0.532	0.612	0.661	0.703	0.750	0.780
13		0.189	0.351	0.441	0.514	0.592	0.641	0.683	0.730	0.760
14		0.182	0.338	0.426	0.497	0.574	0.623	0.664	0.711	0.742
15		0.176	0.327	0.412	0.482	0.558	0.606	0.647	0.694	0.725
16		0.170	0.317	0.400	0.468	0.543	0.590	0.631	0.678	0.708
17		0.165	0.308	0.389	0.456	0.529	0.575	0.616	0.662	0.693
18		0.160	0.299	0.378	0.444	0.516	0.561	0.602	0.648	0.679
19		0.156	0.291	0.369	0.433	0.503	0.549	0.589	0.635	0.665
20		0.152	0.284	0.360	0.423	0.492	0.537	0.576	0.622	0.652
21		0.148	0.277	0.352	0.413	0.482	0.526	0.565	0.610	0.640
22		0.145	0.271	0.344	0.404	0.472	0.515	0.554	0.599	0.629
23		0.141	0.265	0.337	0.396	0.462	0.505	0.543	0.588	0.618
24		0.138	0.260	0.330	0.388	0.453	0.496	0.534	0.578	0.607
25		0.136	0.255	0.323	0.381	0.445	0.487	0.524	0.568	0.597
26		0.133	0.250	0.317	0.374	0.437	0.479	0.515	0.559	0.588
27		0.130	0.245	0.311	0.367	0.430	0.471	0.507	0.550	0.579
28		0.128	0.241	0.306	0.361	0.423	0.463	0.499	0.541	0.570
29		0.126	0.237	0.301	0.355	0.416	0.456	0.491	0.533	0.562
30		0.124	0.233	0.296	0.349	0.409	0.449	0.484	0.526	0.554
31		0.122	0.229	0.291	0.344	0.403	0.442	0.477	0.518	0.547
32		0.120	0.225	0.287	0.339	0.397	0.436	0.470	0.511	0.539
33		0.118	0.222	0.283	0.334	0.392	0.430	0.464	0.504	0.532
34		0.116	0.219	0.279	0.329	0.386	0.424	0.458	0.498	0.525
35		0.114	0.216	0.275	0.325	0.381	0.418	0.452	0.492	0.519

$n'=n-2$ 为自由度。

n'	P (2):	0.50	0.20	0.10	0.05	0.02	0.01	0.005	0.002	0.001
	P (1):	0.25	0.01	0.05	0.025	0.01	0.005	0.0025	0.001	0.0005
36		0.113	0.213	0.271	0.320	0.376	0.413	0.446	0.486	0.513
37		0.111	0.210	0.267	0.316	0.371	0.408	0.441	0.480	0.507
38		0.110	0.207	0.264	0.312	0.367	0.403	0.435	0.474	0.501
39		0.108	0.204	0.260	0.308	0.362	0.398	0.430	0.469	0.495
40		0.107	0.202	0.257	0.304	0.358	0.393	0.425	0.463	0.490
41		0.106	0.199	0.254	0.301	0.354	0.389	0.420	0.458	0.484
42		0.104	0.197	0.251	0.297	0.350	0.384	0.416	0.453	0.479
43		0.103	0.195	0.248	0.294	0.346	0.380	0.411	0.449	0.474
44		0.102	0.192	0.246	0.291	0.342	0.376	0.407	0.444	0.469
45		0.101	0.190	0.243	0.288	0.338	0.372	0.403	0.439	0.465
46		0.100	0.188	0.240	0.285	0.335	0.368	0.399	0.435	0.460
47		0.099	0.186	0.238	0.282	0.331	0.365	0.395	0.431	0.456
48		0.098	0.184	0.235	0.279	0.328	0.361	0.391	0.427	0.451
49		0.097	0.182	0.233	0.276	0.325	0.358	0.387	0.423	0.447
50		0.096	0.181	0.231	0.273	0.322	0.354	0.384	0.419	0.443
60		0.087	0.165	0.211	0.250	0.295	0.325	0.352	0.385	0.408
70		0.081	0.153	0.195	0.232	0.274	0.302	0.327	0.358	0.380
80		0.076	0.143	0.183	0.217	0.257	0.283	0.307	0.336	0.357
90		0.071	0.135	0.173	0.205	0.242	0.267	0.290	0.318	0.338
100		0.068	0.128	0.164	0.195	0.230	0.254	0.276	0.303	0.321
110		0.064	0.122	0.156	0.186	0.220	0.242	0.264	0.289	0.307
120		0.062	0.117	0.150	0.178	0.210	0.232	0.253	0.277	0.294
130		0.059	0.112	0.144	0.171	0.202	0.223	0.243	0.267	0.283
140		0.057	0.108	0.139	0.165	0.195	0.215	0.234	0.257	0.273
150		0.055	0.105	0.134	0.159	0.189	0.208	0.227	0.249	0.264
160		0.053	0.101	0.130	0.154	0.183	0.202	0.220	0.241	0.250
170		0.052	0.098	0.126	0.150	0.177	0.196	0.213	0.234	0.249
180		0.050	0.095	0.122	0.145	0.172	0.190	0.207	0.228	0.242
190		0.049	0.093	0.119	0.142	0.168	0.185	0.202	0.222	0.236
200		0.048	0.091	0.116	0.138	0.164	0.181	0.197	0.216	0.230
300		0.039	0.074	0.095	0.113	0.134	0.148	0.161	0.177	0.188
400		0.034	0.064	0.082	0.098	0.116	0.128	0.140	0.154	0.164
500		0.030	0.057	0.073	0.088	0.104	0.115	0.125	0.138	0.146
1000		0.021	0.041	0.052	0.062	0.073	0.081	0.089	0.098	0.104
∞		0.000	0.000	0.000	0.000	0.000	0.000	0.000	0.000	0.000

$n'=n-2$ 为自由度。

n'	P (2)： 0.50	0.20	0.10	0.05	0.02	0.01	0.005	0.002	0.001
	P (1)： 0.25	0.10	0.05	0.025	0.01	0.005	0.0025	0.001	0.0005
4	0.600	1.000	1.000						
5	0.500	0.800	0.900	1.000	1.000				
6	0.371	0.657	0.829	0.886	0.943	1.000	1.000		
7	0.321	0.571	0.714	0.786	0.893	0.929	0.964	1.000	1.000
8	0.310	0.524	0.643	0.738	0.833	0.881	0.905	0.952	0.976
9	0.267	0.483	0.600	0.700	0.783	0.833	0.867	0.917	0.933
10	0.248	0.455	0.564	0.648	0.745	0.794	0.830	0.879	0.903
11	0.236	0.427	0.536	0.618	0.709	0.755	0.800	0.845	0.873
12	0.217	0.406	0.503	0.587	0.678	0.727	0.769	0.818	0.846
13	0.209	0.385	0.484	0.560	0.648	0.703	0.747	0.791	0.824
14	0.200	0.367	0.464	0.538	0.626	0.679	0.723	0.771	0.802
15	0.189	0.354	0.446	0.521	0.604	0.654	0.700	0.750	0.779
16	0.182	0.341	0.429	0.503	0.582	0.635	0.679	0.729	0.762
17	0.176	0.328	0.414	0.485	0.566	0.615	0.662	0.713	0.748
18	0.170	0.317	0.401	0.472	0.550	0.600	0.643	0.695	0.728
19	0.165	0.309	0.391	0.460	0.535	0.584	0.628	0.677	0.712
20	0.161	0.299	0.380	0.447	0.520	0.570	0.612	0.662	0.696
21	0.156	0.292	0.370	0.435	0.508	0.556	0.599	0.648	0.681
22	0.152	0.284	0.361	0.425	0.496	0.544	0.586	0.634	0.667
23	0.148	0.278	0.353	0.415	0.486	0.532	0.573	0.622	0.654
24	0.144	0.271	0.344	0.406	0.476	0.521	0.562	0.610	0.642
25	0.142	0.265	0.337	0.398	0.466	0.511	0.551	0.598	0.630
26	0.138	0.259	0.331	0.390	0.457	0.501	0.541	0.587	0.619
27	0.136	0.255	0.324	0.382	0.448	0.491	0.531	0.577	0.608
28	0.133	0.250	0.317	0.375	0.440	0.483	0.522	0.567	0.598
29	0.130	0.245	0.312	0.368	0.433	0.475	0.513	0.558	0.589
30	0.128	0.240	0.306	0.362	0.425	0.467	0.504	0.549	0.580
31	0.126	0.236	0.301	0.356	0.418	0.459	0.496	0.541	0.571
32	0.124	0.232	0.296	0.350	0.412	0.452	0.489	0.533	0.563
33	0.121	0.229	0.291	0.345	0.405	0.446	0.482	0.525	0.554
34	0.120	0.225	0.287	0.340	0.399	0.439	0.475	0.517	0.547
35	0.118	0.222	0.283	0.335	0.394	0.433	0.468	0.510	0.539
36	0.116	0.219	0.279	0.330	0.388	0.427	0.462	0.504	0.533
37	0.114	0.216	0.275	0.325	0.382	0.421	0.456	0.497	0.526
38	0.113	0.212	0.271	0.321	0.378	0.415	0.450	0.491	0.519
39	0.111	0.210	0.267	0.317	0.373	0.410	0.444	0.485	0.513
40	0.110	0.207	0.264	0.313	0.368	0.405	0.439	0.479	0.507
41	0.108	0.204	0.261	0.309	0.364	0.400	0.433	0.473	0.501
42	0.107	0.202	0.257	0.305	0.359	0.395	0.428	0.468	0.495
43	0.105	0.199	0.254	0.301	0.355	0.391	0.423	0.463	0.490
44	0.104	0.197	0.251	0.298	0.351	0.386	0.419	0.458	0.484
45	0.103	0.194	0.248	0.294	0.347	0.382	0.414	0.453	0.479
46	0.102	0.192	0.246	0.291	0.343	0.378	0.410	0.448	0.474
47	0.101	0.190	0.243	0.288	0.340	0.374	0.405	0.443	0.469
48	0.100	0.188	0.240	0.285	0.336	0.370	0.401	0.439	0.465
49	0.098	0.186	0.238	0.282	0.333	0.366	0.397	0.434	0.460
50	0.097	0.184	0.235	0.279	0.329	0.363	0.393	0.430	0.456

附表10　随机数字表（一）

编号	1	2	3	4	5	6	7	8	9	10	11	12	13	14	15	16	17	18	19	20	21	22	23	24	25
1	03	47	43	73	86	36	96	47	36	61	46	98	63	71	62	33	26	16	80	45	60	11	14	10	95
2	97	74	24	67	62	42	81	14	57	20	42	53	32	37	32	27	07	36	07	51	24	51	79	89	73
3	16	76	62	27	66	56	50	26	71	07	32	90	79	78	53	13	55	38	58	59	88	97	54	14	10
4	12	56	85	99	26	96	96	68	27	31	05	03	72	93	15	57	12	10	14	21	88	26	49	81	76
5	55	59	56	35	64	38	54	82	46	22	31	62	43	09	90	06	18	44	32	53	23	83	01	30	30
6	16	22	77	94	39	49	54	43	54	82	17	37	93	23	78	87	35	20	96	43	84	26	34	91	64
7	84	42	17	53	31	57	24	55	06	88	77	04	74	47	67	21	76	33	50	25	83	92	12	06	76
8	63	01	63	78	59	16	95	55	67	19	98	10	50	71	75	12	86	73	58	07	44	39	52	38	79
9	33	21	12	34	29	78	64	56	07	82	52	42	07	44	38	15	51	00	13	42	99	66	02	79	54
10	57	60	86	32	44	09	47	27	96	54	49	17	46	09	62	90	52	84	77	27	08	02	73	43	28
11	18	18	07	92	46	44	17	16	58	09	79	83	86	19	62	06	76	50	03	10	55	23	64	05	05
12	26	62	38	97	75	84	16	07	44	99	83	11	46	32	24	20	14	85	88	45	10	93	72	88	71
13	23	42	40	64	74	82	97	77	77	81	07	45	32	14	08	32	98	94	07	72	93	85	79	10	75
14	52	36	28	19	95	50	92	26	11	97	00	56	76	31	38	80	22	02	53	53	86	60	42	04	53
15	37	85	94	35	12	83	39	50	08	30	42	34	07	96	88	54	42	06	87	98	35	85	29	48	39
16	70	29	17	12	13	40	33	20	38	26	13	89	51	03	74	17	76	37	13	04	07	74	21	19	30
17	56	62	18	37	35	96	83	50	87	75	97	12	25	93	47	70	33	24	03	54	97	77	46	44	80
18	99	49	57	22	77	88	42	95	45	72	16	64	36	16	00	04	43	18	66	79	94	77	24	21	90
19	16	08	15	04	72	33	27	14	34	09	45	59	34	68	49	12	72	07	34	45	99	27	72	95	14
20	31	16	93	32	43	50	27	89	87	19	20	15	37	00	49	52	85	66	60	44	38	68	88	11	80
21	68	34	30	13	70	55	74	30	77	40	44	22	78	84	26	04	33	46	09	52	68	07	97	06	57
22	74	57	25	65	76	59	29	97	68	60	71	91	38	67	54	13	58	18	24	76	15	54	55	95	52
23	27	42	37	86	53	48	55	90	65	72	96	57	69	36	10	96	46	92	42	45	97	60	49	04	91
24	00	39	68	29	61	66	37	32	20	30	77	84	57	03	29	10	45	65	04	26	11	04	96	67	24
25	29	94	98	94	24	68	49	69	10	82	53	75	91	93	30	34	25	20	57	27	40	48	73	51	92

附表

(续表)

编号	1	2	3	4	5	6	7	8	9	10	11	12	13	14	15	16	17	18	19	20	21	22	23	24	25
26	16	90	82	66	59	83	62	64	11	12	67	19	00	71	74	60	47	21	29	68	02	02	37	03	31
27	11	27	94	75	06	06	09	19	74	66	02	94	37	34	02	76	70	90	30	86	38	45	94	30	38
28	35	24	10	16	20	33	32	51	26	38	79	78	45	04	91	16	92	53	56	16	02	75	50	95	98
29	38	23	16	86	38	42	38	97	01	50	87	75	66	81	41	40	01	74	91	62	48	51	84	08	32
30	31	96	25	91	47	96	44	33	49	13	34	86	82	53	91	00	52	43	48	85	27	55	26	89	62
31	66	67	40	67	14	64	05	71	95	86	11	05	65	09	68	76	83	20	37	90	57	16	00	11	66
32	14	90	84	45	11	75	73	88	05	90	52	27	41	14	86	22	98	12	22	08	07	52	74	95	80
33	68	05	51	18	00	33	96	02	75	19	07	60	62	93	55	59	33	82	43	90	49	37	38	44	59
34	20	46	78	73	90	97	51	40	14	02	04	02	33	31	08	39	54	16	49	36	47	95	93	13	30
35	64	19	58	97	79	15	06	15	93	20	01	90	10	75	06	40	78	73	89	62	02	67	74	17	33
36	05	26	93	70	60	22	35	85	15	13	92	03	51	59	77	59	56	78	06	83	52	91	05	70	74
37	07	97	10	88	23	09	98	42	99	64	61	71	62	99	15	06	51	29	16	93	58	05	77	09	51
38	68	71	86	85	85	54	87	66	47	54	73	32	08	11	12	44	95	92	63	16	29	56	24	29	48
39	26	99	61	65	53	58	37	78	80	70	42	10	50	67	42	32	17	55	85	74	94	44	67	16	94
40	14	65	52	68	75	87	59	36	22	41	26	78	63	06	55	13	08	27	01	50	15	29	39	39	43
41	17	53	77	58	71	71	41	61	50	72	12	41	94	96	26	44	95	27	36	99	02	96	74	30	83
42	90	26	59	21	19	23	52	23	33	12	96	93	02	18	39	07	02	18	36	07	25	99	32	70	23
43	41	23	52	55	99	31	04	49	69	96	10	47	48	45	88	13	41	43	89	20	97	17	14	49	17
44	60	20	50	81	69	31	99	73	68	68	35	81	33	03	76	24	30	12	48	60	18	99	10	72	34
45	91	25	38	05	90	94	58	28	41	36	45	37	59	03	09	90	35	57	29	12	82	62	54	65	60
46	34	50	57	74	37	98	80	33	00	91	09	77	93	19	82	74	94	80	04	04	45	07	31	66	49
47	85	22	04	39	43	73	81	53	94	79	33	62	46	86	28	08	31	54	46	31	53	94	13	38	47
48	09	79	13	77	48	73	82	97	22	21	05	03	27	24	83	72	89	44	05	60	35	80	39	94	88
49	88	75	80	18	14	22	95	75	42	49	39	32	82	22	49	02	48	07	70	37	16	04	61	67	87
50	90	96	23	70	00	39	00	03	06	90	55	85	78	38	36	94	37	30	69	32	90	89	00	76	33

附表 10　随机数字表（二）

编号	1	2	3	4	5	6	7	8	9	10	11	12	13	14	15	16	17	18	19	20	21	22	23	24	25
1	53	74	23	99	67	61	32	28	69	84	94	62	67	86	24	98	33	41	19	95	47	53	53	38	09
2	63	38	06	86	54	99	00	65	26	94	02	82	90	23	07	79	62	67	80	60	75	91	12	81	19
3	35	30	58	21	46	06	72	17	10	94	25	21	31	75	96	49	28	24	00	49	55	65	79	78	07
4	63	43	36	82	69	65	51	18	37	88	61	38	44	12	45	32	92	85	88	65	54	34	81	85	35
5	98	25	37	55	26	01	91	82	81	46	74	71	12	94	97	24	02	71	37	07	03	92	18	66	75
6	02	63	21	17	69	71	50	80	89	56	38	15	70	11	48	43	40	45	86	98	00	83	26	91	03
7	64	55	22	21	82	48	22	28	06	00	61	54	13	43	91	82	78	12	23	29	06	66	24	12	27
8	85	07	26	13	89	01	10	07	82	04	59	63	69	36	03	69	11	15	83	80	13	29	54	19	28
9	58	54	16	24	15	51	54	44	82	00	62	61	65	04	69	38	18	65	18	97	85	72	13	49	21
10	34	85	27	84	87	61	48	64	56	26	90	84	48	13	26	37	70	15	42	57	65	65	80	39	07
11	03	92	18	27	46	57	99	16	96	56	30	33	72	85	22	84	64	38	56	98	99	01	30	98	64
12	62	95	30	27	59	37	75	41	66	48	86	97	80	61	45	23	53	04	01	63	45	76	08	64	27
13	08	45	93	15	22	60	21	75	46	91	98	77	27	85	42	28	88	61	08	84	69	62	03	42	73
14	07	08	55	18	40	45	44	75	13	90	24	94	96	61	02	57	55	66	83	15	73	42	37	11	61
15	01	85	89	95	66	51	10	19	34	88	15	84	97	19	75	12	76	39	43	78	64	63	91	08	25
16	72	84	71	14	35	19	11	58	49	26	50	11	17	17	76	86	31	57	20	18	95	60	78	46	75
17	88	78	28	16	84	13	52	53	94	53	75	45	69	30	96	73	89	65	70	31	99	17	43	48	76
18	45	17	75	65	57	28	40	19	72	12	25	12	74	75	67	60	40	60	81	19	24	62	01	61	16
19	96	76	28	12	54	22	01	11	94	25	71	96	16	16	88	68	64	36	74	45	19	59	60	88	92
20	43	31	67	72	30	24	02	94	08	63	38	32	36	66	02	69	36	38	25	39	48	03	45	15	22
21	50	44	66	44	21	66	06	58	05	62	63	15	54	35	02	42	35	48	96	32	14	52	41	52	48
22	22	66	22	15	86	26	63	75	41	99	58	42	36	72	24	58	37	52	18	51	03	37	18	39	11
23	96	24	40	14	51	23	22	30	88	57	95	67	47	29	83	94	69	40	06	07	18	16	36	78	86
24	31	73	91	61	19	60	20	72	93	48	98	57	07	23	69	65	95	39	69	58	56	80	30	19	44
25	78	60	73	99	84	43	89	94	36	45	56	69	47	07	41	90	22	91	07	12	78	35	34	08	72

附表

（续表）

编号	1	2	3	4	5	6	7	8	9	10	11	12	13	14	15	16	17	18	19	20	21	22	23	24	25
26	84	37	90	61	56	70	10	23	98	05	85	11	34	76	60	76	48	45	34	60	01	64	18	39	96
27	36	67	10	08	23	98	93	35	08	86	99	29	76	29	81	33	34	91	58	93	63	14	52	32	52
28	07	28	59	07	48	89	64	58	89	75	83	85	62	27	89	30	14	78	56	27	86	63	59	80	02
29	10	15	83	87	60	79	24	31	66	56	21	48	24	06	93	91	98	94	05	49	01	47	59	38	00
30	55	19	68	97	65	03	73	52	16	56	00	53	55	90	27	33	42	29	38	87	22	13	88	83	34
31	53	81	29	13	39	35	01	20	71	34	62	33	74	82	14	53	73	19	09	03	56	54	29	56	93
32	51	86	32	68	92	33	98	74	66	99	40	14	71	94	58	45	94	19	38	81	14	44	99	81	07
33	35	91	70	29	13	80	03	54	07	27	96	94	78	32	66	50	95	52	74	33	13	80	55	62	54
34	37	71	67	95	13	20	02	44	95	94	64	85	04	05	72	01	32	90	76	14	53	89	74	60	41
35	93	66	13	83	27	92	79	64	64	72	28	54	96	53	84	48	14	52	98	94	56	07	93	89	30
36	02	96	08	45	65	13	05	00	41	84	93	07	54	72	59	21	45	57	09	77	19	48	56	27	44
37	49	83	43	48	35	82	88	33	69	96	72	36	04	19	76	47	45	15	18	60	82	11	08	95	97
38	84	60	71	62	46	40	80	81	30	37	34	39	23	05	38	25	15	35	71	30	88	12	57	21	77
39	18	17	30	88	71	44	91	14	88	47	89	23	30	63	15	56	34	20	47	89	99	82	93	24	98
40	79	69	10	61	78	71	32	76	95	62	87	00	22	58	40	92	54	01	75	25	43	11	71	99	31
41	75	93	36	57	83	56	20	14	82	11	74	21	97	90	65	96	42	68	63	86	74	54	13	26	94
42	38	30	92	29	03	06	28	81	39	38	62	25	06	84	63	61	29	08	93	67	04	32	92	08	09
43	51	29	50	10	34	31	57	75	95	80	51	97	02	74	77	76	15	48	49	44	18	55	63	77	09
44	21	31	38	86	24	37	79	81	53	74	73	24	16	10	33	52	83	90	94	76	70	47	14	54	36
45	29	01	23	87	88	58	02	39	37	67	42	10	14	20	92	16	55	23	42	45	54	96	09	11	06
46	95	33	95	22	00	18	74	72	00	18	38	79	58	69	32	81	76	80	26	92	82	80	84	25	39
47	90	84	60	79	80	24	36	59	87	38	82	07	53	89	35	96	35	23	79	18	05	98	90	07	35
48	46	40	62	98	82	54	97	20	56	95	15	74	80	08	32	16	46	70	50	80	67	72	16	42	79
49	20	31	89	03	43	38	46	82	68	72	32	14	82	99	70	80	60	47	18	97	63	49	30	21	30
50	71	59	73	05	50	08	22	23	71	77	91	01	93	20	49	82	96	59	26	94	66	39	67	98	60

参考文献

1. 全国体育学院教材委员会．体育院校通用教材体育统计．北京：人民体育出版社，2002

2. 祁国鹰，徐明，周星宇．体育统计简明教程．北京：北京体育大学出版社，2004

3. 陆瑞当．实用体育统计．广西：广西师范大学出版社，2002

4. 张明立．常用体育统计方法．北京：北京体育学院出版社，1986

5. 王晓芬．体育统计与 SPSS．北京：人民体育出版社，2002

6. 王鸿儒．Excel 在统计学中的应用．北京：中国铁道出版社，2004

7. 李健，谭平平．体育统计．广西：广西师范大学出版社，2006

8. 丛湖平．体育统计．北京：高等教育出版社，1998

9. 孙振球．医学统计学（第二版）．北京：人民卫生出版社，2006

10. 宇传华．Excel 统计分析与电脑实验．北京：电子工业出版社，2009

11. 方积乾．医学统计学与电脑实验．上海：上海科学技术出版社，2001

12. 方积乾．卫生统计学（第五版）．北京：人民卫生出版社，2005

13. 梁小筠，祝大平．抽样调查方法和原理．上海：华东师范大学出版社，1993

14. 刘小石，陈鸿建，何腊梅．概率论与数理统计．北京：科学出版社，2000

15. 张建同，孙昌言．以 Excel 和 SPSS 为工具的管理统计．北京：清华大学出版社，2005

16. 刁明碧．理论统计学．北京：中国科学技术出版社，1998

17. 孙荣恒．应用数理统计（第二版）．北京：科学出版社，2003

18. 中国体育科学学会，香港体育学院．体育科学词典．北京：高等教育出版社，2000

19. 刘汉良．统计学教程．上海：上海财经大学出版社，1997

参考文献